CONSEJOS DEL LÍDER

DR. ANDRES BUCKSOT

VIVIR EXTRA ORDINARIA MENTE

EL CAMINO HACIA LA VIDA
QUE TODOS QUIEREN VIVIR

Mientras lees, comparte con otros en redes usando
#VIVEREXTRAORDINARIAMENTE

VIVIR EXTRAORDINARIAMENTE
Consejos del líder de liderazgo en América latina

®Copyright 2023 Máximo Potencial & Dr. Andrés Bucksot

Recursos y entrenamientos para levantar tu nivel de liderazgo y alcanzar tu máximo potencial.

A menos que se indique otra cosa, las referencias bíblicas incluidas en este libro corresponden a la versión La Santa Biblia, Nueva Versión Internacional ® NVI ®.

Reservados todos los derechos. Prohibida la reproducción total o parcial de esta obra sin la debida autorización de los editores.

Impreso en México, 2023
Primera Edición.

Para más copias del libro visita:
www.maximopotencial.org

ISBN: 9798865740902

CONTENIDO

01 Introducción

02 Capitulo 1
Ayudar a otros a mejorar

03 Capitulo 2
La influencia positiva, da fuerza a otros

04 Capitulo 3
El tener prioridades añade valor a otros

05 Capitulo 4
Crea un equipo sano y edificante

Capitulo 5
Tener un plan de crecimiento personal

INTRODUCCIÓN

Vivir extraordinariamente es vivir lo mejor posible en cada área de tu vida, y creo que esto es totalmente posible para ti y para cualquier otra persona. Es decir, tú puedes vivir extraordinariamente en cada área de tu vida con madurez espiritual, intelectual, natural y de tu alma.

Hay que definir la vida extraordinaria para que estemos en el mismo entendimiento cantando la misma nota. El objetivo no es compararte contra alguien más, lo que te quiero revelar es que tú solo debes medirte conforme tu capacidad, habilidad, llamado y propósito individual.

Puedes ver los éxitos y los logros de otras personas como guías en tu camino, pero para medirte conforme tu propósito, solo debes medirte contra ti mismo. John Wooden, mentor de mi mentor, el Dr. John C. Maxwell, dijo: "No te preocupes por ser mejor que alguien más, pero esfuérzate en ser lo mejor que tú puedes ser."

Una de las realidades principales de la vida es que la mayoría de la gente solo existe, sin vivir realmente sus vidas. Te quiero animar a buscar y querer vivir una vida extraordinariamente. Has sido creado para vivir tu mejor vida posible. La medida no es que tan exitoso es tu vecino, sino que tan excelente estas viviendo tú.

Lo que he observado como líder es que la gran mayoría de las personas solo respiran día tras día, pero no aumentan ni crecen con una pasión por mejorar. Lo que uno debe comprender en la vida es la importancia de que lo que hace uno con su tiempo, su talento y sus recursos van a determinar qué clase de vida tendrá.

¿Qué es lo que quieres con tu vida? Te pregunto porque solo tienes una chance para vivirla. Hay tres preguntas importantísimas que cada uno debe contestar: ¿Cómo puedo causar una gran diferencia con mi vida? ¿Cuál camino debo tomar para vivir extraordinariamente? ¿Qué quiero que la gente recuerde de mi después de la muerte?

George Washington Carver dijo: "Nadie tiene el derecho de entrar en el mundo y salir de él sin dejar una huella profunda e impactante con su vida." Tu vida tiene un propósito. Tú has sido marcado para vivir una vida extraordinariamente. Nadie ni nada te podrá limitar mientras sigas creciendo y desarrollando tu potencial.

Cada persona sabe que para poder ser verdaderamente efectivo en su vida y alcanzar su máximo potencial debe tener orden en su vida, y la prueba es que cualquier persona quiere mejorar. Hay maneras de vivir extraordinariamente espiritualmente, físicamente, financieramente, socialmente, en el alma y en muchas áreas más.

Una vez un amigo mío dijo: "Tú siempre sigues los pasos de alguien, espero que esos pasos sean los de Jesucristo." Como alguien que quiere vivir extraordinariamente, la prioridad de caminar como Cristo Jesús, nunca debe ponerse en juego. El ejemplo de la vida de Jesús en nosotros, debe ser una prioridad importante en la vida.

Si no somos cuidadosos otras cosas pueden empezar a llenar nuestra agenda diaria y muy fácilmente perderemos la noción de lo que realmente es importante; en las escrituras se nos motiva a ser llenos continuamente con el Espíritu de Dios. Eso significa que tienes que hacer diariamente un esfuerzo consciente por llenarte de los pensamientos, deseos y voluntad del Espíritu de Dios.

Hace tiempo fui honrado al ser invitado como uno de los conferencistas principales a un evento de liderazgo en el estado de Florida, hablé de la importancia de ser diariamente lleno del Espíritu de Dios. Una declaración que se me ha quedado mucho con el pasar de los años es: "Cada persona siempre está llena de algo." Así que, ¿de qué estás lleno?

Todos y cada uno están llenos de algo, ordinario o extraordinario. ¿Cómo quieres vivir? Algo interesante para pensar y contemplar es que la palabra excelencia viene de dos palabras distintas del lenguaje latín que significan: para levantarse y sobresalir desde un lugar común. Una persona puede decidir ser ordinario o extraordinario.

Para vivir extraordinariamente, uno tiene que saber que todos iniciamos en el mismo nivel y pasamos por el mismo proceso. Para superar algo común, cada uno tiene que buscar ser mejor en cada área de su vida. Es para decir que cuando aplicamos lo que funciona, lo que funcione va a funcionar, sin importar quién lo aplique.

Stephen Covey ha escrito: "Los principios que funcionan siempre tienen consecuencias. Hay consecuencias positivas al vivir en armonía con ellos y hay consecuencias negativas al ignorarlos. Más que conocemos y aplicamos los principios, es más probable que aumentemos nuestra habilidad de vivir sabiamente."

"Yo te guío por el camino de la sabiduría, te dirijo por sendas de rectitud."
Proverbios 4:11 NVI

"Dejen su insensatez, y vivirán; andarán por el camino del discernimiento."
Proverbios 9:6 NVI

"Hay caminos que al hombre le parecen rectos, pero que acaban por ser caminos de muerte."
Proverbios 16:25 NVI

Hay un camino que nos lleva a la vida extraordinaria, los que van por ese camino tendrán la misma recompensa y resultado, porque por allí los llevó el mismo propósito.

Primeros Pensamientos De Prioridades

Para poder vivir extraordinariamente es necesario tener prioridades en la vida. Yo creo que cada persona en el mundo que tiene y aplique prioridades sabias vivirá extraordinariamente. Muchos caen en problemas después de establecer la primera prioridad en su vida.

Veremos más adelante la importancia de tener a la gente como prioridad, esto incluye a la familia, salud, finanzas y otras cosas. Las prioridades básicas en la agenda y en la vida de uno deberían estar presentes cuando se enfrenta al llamamiento de su vida día a día. Poniendo y respetando las prioridades se muestra una directriz predeterminada para las tareas que se presentan diariamente en cada parte de la vida.

Ya sea de negocios, el ministerio, la familia, amigos o los movimientos de la vida en general, cuando nuestras prioridades no tienen un lugar fijo, es muy probable que nos preguntemos: ¿Qué hago?, ¿quién soy?, ¿cómo puedo avanzar?, y ¿a dónde voy? Las tareas y responsabilidades "más urgentes" terminan revelando al individuo cuáles son sus verdaderas prioridades, al igual como la dirección y el enfoque de su vida.

Para poder vivir una vida extraordinariamente exitosa y fructífera, es clave tener en prioridad como quiere y/o desea vivir. Es decir, alguien sin prioridades establecidas no tendrá la dirección ni el enfoque suficientemente determinado para vivir más allá de lo ordinario.

El objetivo principal para poder vivir con prioridades es que tu vida y mente puedan estar dirigidas a un destino día tras día para no caer en la trampa de vivir en lo más urgente, sino en lo más importante. Vivir extraordinariamente tiene mucho que ver con mejorarse uno mismo primero para ayudar a otras personas a brindar lo mejor de sí mismas, en su vida de relaciones laborales y personales.

Para poder cumplir con esto, uno debe saber cuáles son sus prioridades en la vida para ayudar a los demás a alcanzar algo más en sus vidas. Cuando uno vive organizado conforme sus prioridades, tiene más tiempo de ayudar a más personas a alcanzar algo más grande e impactante en sus vidas.

En el liderazgo, que es el enfoque principal de ese libro, entendemos que el líder es un verdadero servidor y no alguien que ha de hacerse servir por supuestos seguidores. Sé que esto no es muy popular, pero debemos entender que los más grandes en la tierra son los siervos más grandes, esto significa que los mejores siervos mejoran el orden de sus vidas.

El líder de verdad ayuda a otros a descubrir quiénes son en verdad. Cuando te puedas ubicar en esto, te ayudará a alcanzar más de tu potencial en la vida, conforme la misión en tu vida. El líder de verdad ayuda a otros a conducir sus vidas con más efectividad y los acompaña en el camino en donde pueden recibir más luz.

Otro motivo puede peligrosamente caer dentro de la manipulación con fines egoístas. Cuando un líder está bien enfocado en los demás, el motivo de sus acciones no será para controlar ni para guiar a la gente en cierta dirección, sino para ayudarles a ubicarse en su propio llamamiento celestial.

Mientras que vas descubriendo la importancia de mejorar tu propia vida, estás entendiendo la realidad de cómo es vivir una vida extraordinariamente bendecida y de alta calidad. Una de las prioridades principales es la relación con Dios, y luego la relación consigo mismos, ya que estas dos afectarán tu relación con las demás personas.

Mientras uno tenga sus prioridades en un mejor orden, más orden tendrá en su vida. La vida es sumamente sencilla, pero la gente es experta en complicarla. Velo así, ama a Dios primero y a tu prójimo como a ti mismo y con esto vivirás una vida extraordinariamente completa, bendecida y de alta calidad.

Frank Clark dijo en una ocasión: "Que gran logro tendríamos en la vida y en el mundo si todos hicieran lo que quisieran hacer." Al final de cada día, no es lo que querías o si lo que hubieras hecho cuenta, sino lo que hiciste intencionalmente, eso va a determinar si tendrás una vida ordinaria o extraordinaria.

La organización Máximo Potencial tiene un solo propósito y es ayudar a los que quieren alcanzar su máximo potencial en la vida. Es una tristeza, pero es una realidad, si ofreces a un niño una rebanada de pastel o un bono de diez mil dólares que multiplica sus ganancias mensualmente un 5%, el niño, por lo regular, escogerá el pastel.

Los adultos hoy en día, tristemente, tienen la misma mentalidad. Muchos quieren vivir por sentimientos y decisiones con gratificación instantánea, más que por actividades que pagarán algo de mayor beneficio, pero más adelante en la vida. Hay un camino que se parece bien, pero el necio prefiere tomar su propia decisión.

John Piper dijo en una ocasión: "Cada faceta del entrenamiento es dolorosa y causa mucha frustración, mientras estás buscando afinar y mejorar una habilidad o don. Pero, a través del tiempo, la habilidad o el don empieza a ser un hábito que produce gozo y una buena recompensa en tu vida."

Nuestras emociones y sentimientos pueden robarnos de buenos resultados, solo por no vivir con una visión de largo plazo. Si tú quieres mejorar tu vida, tienes que empezar a tomar el camino de la sabiduría y la inteligencia, para que reines por encima de preferencias, y poder vivir la vida extraordinaria que siempre has deseado vivir.

1 AYUDAR A OTROS A MEJORAR

Capítulo Uno — Ayudar a otros a mejorar

— "La ocupación más honorable es ayudar a otros a lograr sus sueños" —

> "Doy gracias a Dios, al cual sirvo desde mis mayores con limpia conciencia, de que sin cesar me acuerdo de ti en mis oraciones noche y día; deseando verte, al acordarme de tus lágrimas, para llenarme de gozo; trayendo a la memoria la fe no fingida que hay en ti, la cual habitó primero en tu abuela Loida, y en tu madre Eunice, y estoy seguro que en ti también. Por lo cual te aconsejo que avives el fuego del don de Dios que está en ti por la imposición de mis manos."
> **2 Timoteo 1:3-6 RVR1960**

Uno de los lemas principales de nuestra familia y las organizaciones que dirigimos es: "Hacer lo difícil primero." Hemos enseñado, a nuestros hijos y a nuestros más cercanos, que al iniciar un día, todos los días, has lo que es más difícil para ti primero. Enséñate a ti mismo y acostúmbrate a practicarlo estando incómodo.

Los mejores líderes están cómodos estando incómodos. Para algunas personas lo más difícil es calmar la mente

> Los mejores líderes están cómodos estando incómodos

y meditar, leer u orar; para otras personas lo más difícil es hacer ejercicios como primera cosa en la mañana; y para ciertas personas el leer o preparar una lista de quehaceres para el día es lo más difícil.

Ayudar a otros es importantísimo como líder, pero ten cuidado, porque para poder ayudar a otros, uno se tiene que disciplinar, crecer, avanzar y desarrollarse a sí mismo primero. Si no habías oído de Jack Welch, él fue la persona que sacó General Electric de estar en un bajo nivel a ser una organización fuerte en casi todo el mundo.

Uno de los principios que él aplicó en su vida y para la vida de la empresa era: "La clave vital para una empresa impresionante es evaluarse con honestidad e integridad, y actuar con rapidez para modificar, mejorar y crecer lo más efectivamente posible." ¿Podrías imaginar dónde estarás tú si esto fuera un lema personal de tu vida?

ENTRE LO BUENO Y LO MALO

Es triste ver a tantas personas con tanto potencial actuando fuera de su área fuerte y actuando pasivamente en la vida, perdiendo oportunidades para crecer y desarrollarse para vivir una vida extraordinaria. Un día estuve jugando golf en Orlando, Florida, con un amigo llamado Caleb Wherli, y una de las personas con quienes estuvimos jugando me preguntó algo directo.

Esa persona, que no conocía, me preguntó: "Usted, ¿cuánto golf juega al año?" Le respondí: "No mucho, pero sí lo disfruto mucho." Y él me dijo: "Usted es un golfista nato. Es mi sugerencia que usted invierta más tiempo en jugar, porque tiene talento. Cuando esté más viejo, no querrá estar lamentándose no haberlo tomado en serio."

Yo tomo ese ejemplo no solamente para el área del golf, lo tomo en el área de la vida diaria. ¿Cuántas personas tienen una habilidad en algo, pero no se esfuerzan para mejorarla y cuando pasaron los años, se dan cuenta que no tienen una habilidad mayor desarrollada porque no invirtieron el tiempo, ni hicieron el esfuerzo para mejorar?

Hacer lo fácil primero, o antes de lo difícil es el inicio para formar malos hábitos. Los malos hábitos son el resultado de buscar lo placentero antes que lo necesario. Tengo un lema personal en mi vida: "No como nada que después de comerlo me arrepentiría por haberlo comido." Los malos hábitos no son el resultado de una lógica sólida y sana.

Los buenos hábitos son el resultado de alguien que ha invertido el tiempo de pensar con disciplina, lógica y sabiduría para analizar qué le sería más sano y mejor para su vida. Al establecer un buen hábito, uno de los pasos más difíciles es iniciar, luego es el continuar, y, por último, es ser constante.

Para restringir gastos, saber invertir en algo duradero nos ayudaría a desarrollarnos más, es decir, será más difícil para algunos desarrollarse por sus hábitos de comprar lo que les da placer y felicidad instantáneos, en lugar de saciar una necesidad real. Para implementar hábitos sanos, es importante andar con gente sana.

Para vivir una vida extraordinaria uno tiene que mirar adelante en su camino, tomar decisiones sabias y mantenerse enfocado para no distraerse en su caminata. Uno de los puntos principales para entender, es aprender un principio que funcione, luego entenderlo con profundidad y aplicarlo con propósito.

En este mundo en que vivimos hoy día, lo que se ve más, o lo que la gente quiere, es algo como: "La dieta de las estrellas", "5 pasos a la prosperidad", "3 claves al éxito", "El secreto para aumentar tu salud y finanzas." Que, en realidad, son causas poderosas y son verdades, pero si uno no entiende que hay un costo relacionado con ellas, fracasará una y otra vez.

Tú y yo podremos leer un librito y entender ciertas cosas, o podremos meditar en algunas porciones solo para tener un mayor nivel de entendimiento, mientras más profundamente lo entendamos más nos va a ayudar a tener un nivel de impacto mayor. La mentalidad de Disney o Harry Potter está llena de magia y fantasía donde todo se arregla en 60 minutos.

La vida real no se arregla en un instante, sino a través del tiempo con orden, disciplina, frecuencia, esfuerzo, estructura y fe en lo invisible. El Dr. John C. Maxwell nos había insistido desde el principio a conocerle: "Cualquier cosa que vale la pena se encuentra al otro lado de un esfuerzo."

Aristóteles dijo algo ciertísimo: "Somos lo que hacemos repetidamente. La excelencia no es un arte, sino un hábito." La mejor manera para ayudar a otras personas es enseñarles, mostrarles y decirles con tu vida la importancia de formar buenos hábitos, que podrían mejorar sus vidas y llenar sus corazones con un propósito claro y sano.

ENFÓCATE EN OTROS

Para vivir extraordinariamente uno tiene que ser extraordinario. La mayoría vive con el enfoque en sí mismos, no ven que la gente de más impacto e influencia en el mundo son los que viven para ayudar a otros a mejorar. El Apóstol Pablo tomó en serio su llamado en el liderazgo, sabía que una manera de ayudar a otros era capacitándolos.

Es importante notar que Pablo servía al mismo Dios de sus antepasados. Pablo fue un hombre que conocía a Dios y ayudaba a otros a conocerlo de la misma manera que él. El principal enfoque de su ministerio fue capacitar a otros ayudándolos a ser efectivos en su llamado de liderazgo.

Timoteo fue uno de los hombres a los cuales Pablo capacitó y ayudó. Como un padre para Timoteo, Pablo hizo todo lo posible para motivarlo en su papel como líder de la iglesia en Éfeso. Aunque Pablo estaba en prisión, él ayudó a Timoteo y lo aconsejó en lo referente a la adoración y organización de la iglesia.

También, sabiendo las responsabilidades de los miembros de la iglesia, les exhortó a permanecer fieles en las verdades que les había enseñado, se puede ver cómo Pablo fue un líder que ayudó y capacitó a otros. ¿Pablo el Apóstol vivió una vida extraordinariamente bendecida por casualidad? Él vivió altamente bendecido, fruto de su prioridad que llevaba en sí de ayudar a otros mejorar a sus vidas.

En los textos anteriores, al inicio del capítulo citado, Pablo pone una prioridad al mencionar un fuerte valor familiar que él vio que Timoteo recibió en su casa. Al ayudar y capacitar a líderes, Pablo entendió la importancia del papel de la familia como parte importante del desarrollo y entrenamiento del liderazgo.

Pablo menciona a Timoteo la manera en la que fue criado por sus antepasados para servir a Dios. Él también recordó a Timoteo la influencia que su familia tenía como parte de su desarrollo como líder joven, motivó a Timoteo a caminar en la fe sincera que su abuela y su madre le habían enseñado.

> Si tú no eres mejor después de conocernos, perdónanos, porque te hemos fallado.

Le motivó a Timoteo a amar de acuerdo con las cualidades familiares de liderazgo que había recibido de su abuela y de su madre. Nosotros tenemos un lema de la vida: "Si tú no eres mejor después de conocernos, perdónanos, porque te hemos fallado." Para poder vivir extraordinariamente, es necesario andar con los que viven extraordinariamente.

Pablo fue un líder que entendió de la vida de los líderes a los cuales ayudaba y capacitaba, la importancia de la familia. Cada persona puede aprender de Pablo y de la manera en la que ayudó y capacitó a Timoteo para convertirse en un líder tremendamente efectivo. Tú puedes aplicar los mismos conceptos con aquellos a los cuáles deseas ayudar y capacitar.

Como alguien que tiene influencia en las vidas de otras personas, te digo que mientras ejecutes la prioridad principal de tu vida, que es guiar y ayudar a otros a ser más efectivos en su propio liderazgo, necesitas conocer unas sugerencias que te ayudarán a apoyar a otros para que crezcan como líderes sólidos y efectivos:

1. Creer en las personas que estás guiando

Pablo creyó en Timoteo. Él llamaba a Timoteo su hijo, y lo trataba como tal. Pablo no esperó hasta que Timoteo se interesara en él, él fue con Timoteo y reafirmó sus cualidades positivas de liderazgo. Pablo creyó en Timoteo como también Jesús creyó en Pedro. Posiblemente cuando nadie más veía algo en Pedro, Jesús dijo: "Yo te digo que tú eres Pedro…"
Mateo 16:18 NVI

Un líder que desea ayudar a otros, primeramente debe creer en aquellos a quienes está guiando y reforzar positivamente su fe en ellos. Mi esposa y yo hemos invertido nuestras vidas para mejorar las oportunidades de nuestros hijos, ¿por qué? Porque sabemos que para vivir al máximo, debo ayudar a otros a hacer lo mismo.

Es impresionante la forma en que la gente te responde cuando ellos saben que realmente crees en ellos y te tomas el tiempo de interesarte por sus vidas. La gente con quien tengas mayor influencia va a tener más oportunidades para mejorar sus vidas, mientras tú sigas mejorando tu vida. Esto es clave para vivir una vida extraordinariamente rica y bendecida.

II. Demostrar verdadero servicio a los que estás guiando

Pablo hizo todo lo posible para mostrarle a Timoteo lo que era un verdadero siervo. Pablo hizo que Timoteo fuera con él a Frigia, Galacia, Troas, Filipos y aún hasta Berea. Pablo hizo todo lo posible para pasar tiempo con su hijo en la fe, más que nada para reforzar en el corazón de Timoteo, que el corazón de un líder es primeramente el corazón de un siervo.

En nuestro ministerio, decimos que el más grande es el siervo o el chalán de todos. La meta es poder servir mejor a los demás para poder demostrar su amor a otros. Todo lo que Pablo hizo fue sin motivos egoístas o beneficios personales, pero lo hizo únicamente para el crecimiento de otros y del reino de Dios.

"Es justo que yo piense así de todos ustedes porque los llevo en el corazón; pues, ya sea que me encuentre preso o defendiendo y confirmando el evangelio, todos ustedes participan conmigo de la gracia que Dios me ha dado. Dios es testigo de cuanto los quiero a todos con el entrañable amor de Cristo Jesús. Esto es lo que pido en oración: que el amor de ustedes abunde cada vez más en conocimiento y en buen juicio,"

Filipenses 1:7-9 NVI

Timoteo tuvo la oportunidad de aprender directamente de Pablo y desarrollar un verdadero corazón de siervo. Para que puedas ayudar y capacitar a otros para ser líderes efectivos debes servirles. Hay gente alrededor del mundo que tiene el enfoque principal de ayudar a otros a avanzar y crecer para llegar tan lejos como les sea posible.

III. Estar disponible para aquellos a quienes estás guiando

Pablo estaba disponible para Timoteo, él hizo todo lo humanamente posible para ayudarlo en su crecimiento y desarrollo desde su primer encuentro en Listar

(Hechos 16:2). Pablo continuamente ayudaba y motivaba a Timoteo para ser un líder verdaderamente efectivo.

Vivir extraordinariamente efectivo requiere una intención enfocada. Pablo literalmente se convirtió en una parte significativa en la vida de Timoteo por el simple hecho de su cuidado y compromiso hacia él. Tú y yo, igual como Pablo el Apóstol tenemos que invertir voluntariamente nuestras vidas para ayudar a otros a alcanzar su potencial.

> Debió haber sido obvio para Timoteo que Pablo estuviera comprometido a hacer todo lo posible para enfocarlo en su mejora y desarrollo. "Tú, pues, hijo mío, esfuérzate en la gracia que es en Cristo Jesús. Lo que has oído de mí ante muchos testigos, esto encarga a hombres fieles que sean idóneos para enseñar también a otros."
> **2 Timoteo 2:1-2 RVR1960**

Pablo fue muy cuidadoso en mostrarle a Timoteo, durante el tiempo que estuvieron juntos, que era de suma importancia ayudar y capacitar a otros. Vivir extraordinariamente requiere de prioridad. Cuando yo vivo sanamente, mi enfoque es querer ayudar a otros a vivir sanamente, esto es una prioridad principal.

Si tú puedes empezar a poner en práctica éstas tres cualidades con tu esposa o esposo, hijos y con los que estás guiando, los estarás ayudando y capacitando para ser líderes verdaderamente efectivos. Si estas cualidades son parte de tu vida, seguramente estas cualidades serán parte de la vida de los miembros de tu familia.

IV. Mantén un liderazgo familiar sólido

El auto liderarse es el verdadero liderazgo, luego lo que mide el éxito de alguien es el liderazgo en la familia. Ciertas porciones de las cualidades del liderazgo son formadas de lo que nos enseñan y aprendemos dentro de la familia. Si las cualidades de liderazgo no son formadas en la casa, posiblemente la familia viene a ser un campo de entrenamiento de liderazgo disfuncional.

A medida que pasa el tiempo, la necesidad del entrenamiento en el liderazgo en la familia viene a ser mayor, porque es el principio establecido por Dios desde los inicios, que el liderazgo debe empezar desde casa. Hay mucha gente que ha vivido vidas impresionantes, pero han descuidado a su familia, entonces, ¿por qué es tan necesario?

> La base principal de la firmeza y solidez de toda cultura es el hogar y la familia

La base principal de la firmeza y solidez de toda cultura es el hogar y la familia. Mientras más sólida sea la familia, mejores resultados habrá en la sociedad. Uno puede argumentar en su contra, pero la verdadera realidad es que cada sociedad es el reflejo de la calidad de sus familias. Si deseamos mejorar el mundo, el hogar y la familia tienen prioridad principal.

Muchos adultos gastan grandes cantidades de dinero y de tiempo, entrenándose para pensar y actuar diferente en su liderazgo para poder ser líderes más efectivos con sus vidas. Al investigar la naturaleza humana, sabemos que el medio ambiente del hogar y familia tiene influencia mayor en el alma de todos los humanos.

Somos el reflejo de nuestro medio ambiente. Para poder mejorar mis condiciones externamente, debo tener condiciones mejores internamente. El alma y la formación de mi carácter y vida son el reflejo de con quien ando y quien me formó.

Mi papá no me entrenó necesariamente en cualidades del liderazgo en la familia, y por esa razón yo empecé a buscar a otros hombres que me entrenaran y equiparan para ser un líder más efectivo, tanto para mi familia como para otras personas. Mi ambiente familiar era algo bueno, pero no extraordinariamente bendecido y rico.

Ha habido pocos hombres (tipo mentores) en mi vida, los cuáles yo puedo decir que han tomado de su tiempo para ayudarme a crecer y vencer sobre mis inseguridades y mi nivel de cualidades en el liderazgo, para poder lograr grandes cosas en la vida. Pero si he tenido hombres que han invertido cosas valiosas en mí, ha sido para ayudarme a mejorar mi vida personal.

Esos hombres que me han ayudado, son hombres que han desarrollado un liderazgo familiar sólido y un liderazgo sólido para otros. Ellos me han ayudado y capacitado para que yo ayude y capacite a otros. Yo admiro a los hombres y mujeres que entienden la importancia de ayudar a otros a alcanzar niveles más altos de éxito en el liderazgo.

El enfoque principal de los líderes debe ser entrenar a otros a ser líderes más efectivos, tanto para su familia como para otros. — **"No hay ocupación más honorable en el mundo que ayudar a otro ser humano, ayudar a otro a tener éxito."** — Alan Loy McGinnis.
Es cuando ayudamos a otros a mejorar sus vidas, que nosotros viviremos extraordinariamente.

Dios verdaderamente desea que sus hombres y mujeres guíen a sus familia y a otros a alcanzar niveles de liderazgo más altos. Él nunca nos dijo que sería simple y fácil, por el contrario, tanto guiar a la familia como guiar a otros es algo en lo que un líder debe estar enfocado para ser tremendamente efectivo.

Nunca hay un punto para detenerse en el proceso de madurez para los líderes verdaderamente efectivos. Los líderes, o los que tienen influencia sobre otras personas, continuamente deben buscar maneras para ser más efectivos con aquellos a los cuáles han sido llamados a guiar. Esto es efectividad en la vida.

La verdadera medida de la efectividad en la vida de un líder es la clase de personas a las que estás guiando. Generalmente los seguidores reflejan a sus líderes, en algunas áreas del liderazgo, en su estilo y habilidades. Algunos líderes caen en el error de tratar de hacer crecer a la gente antes de crecer ellos mismos.

Un líder verdaderamente efectivo sabe que debe crecer constantemente en su capacidad de liderazgo para poder ayudar y capacitar a otros a ser líderes más efectivos.

— "**Puedes enseñar lo que sabes, pero sólo puedes reproducir quien tú eres.**" — John C. Maxwell.

El mundo está en su condición presente por las influencias que permitimos que nos guíen.

Hay una demanda continua puesta sobre los líderes para crecer, y también para que ellos ayuden a otros a crecer. Los líderes deben de tener las ordenanzas del Señor en sus corazones con el objetivo de estar siempre listos para dar la información a otros (Deuteronomio 6:6), esto es confirmado a través de la carta que el Señor le habló a Josué.

> "Nunca se apartará de tu boca este libro de la ley, sino que de día y de noche meditarás en él, para que guardes y hagas conforme a todo lo que en él está escrito; porque entonces harás prosperar tu camino, y todo te saldrá bien."
> **Josué 1:8 RVR1960**

Cuando la palabra del Señor ha sido firmemente establecida en tu corazón, es cuando serás más efectivo al guiar a otros para caminar con un corazón justo ante Dios. El proceso del crecimiento personal en la vida de un líder es un proceso que nunca termina. Mientras que mejoro, voy a mejorar a con quien tengo influencia.

Cuando un líder deja de crecer, sus seguidores dejan de crecer. Muchas familias caen en problemas maritales y de paternidad, porque a través de los años dejaron de crecer. La vida demanda que como líder de familia, debes continuamente desafiarte a crecer y a ver qué los que están alrededor tuyo crezcan también.

Un líder tiene que dejar impresos los mandatos del Señor en la vida de su familia y en las vidas de otros. El líder debe hablar de ellos en todo momento, cuando se siente, cuando camina por la calle y aún, cuando se acueste y se levante. La persona más efectiva en la vida es alguien que crece y ayuda a otros a crecer.

En la Biblia, tenemos ejemplo tras ejemplo de hombres y mujeres que han tenido la habilidad de vencer grandes enemigos, pero no fueron capaces de guiar a su propia familia a través de las dificultades y los problemas. Dios usa gente ordinaria para causar grandes cambios. La familia tiene prioridad principal en ayudar a la gente ordinaria.

Para poder ser verdaderamente efectivo en tu responsabilidad de liderazgo familiar y externo, debes estar envuelto en la vida de la gente a la que estás guiando. Tú has tenido gente que ha sido clave para tu crecimiento como líder, tanto en tu familia y con otros.

Ellos se han tomado el tiempo necesario para envolverse personalmente en tu vida; debido a su influencia en tu vida, ya sea positiva o negativa, eres quien eres hoy. El desafío referente al tema de las prioridades en el liderazgo dentro de los tiempos que nos tocan vivir, está adquiriendo una relevancia fundamental.

> El ser un líder es la posibilidad y la decisión personal de comprometerse en ayudar a otras personas

Este fundamento es de importancia para la gente. El ser

un líder no es, como puede creerse erróneamente, la capacidad personal para hacerse seguir ciegamente por las personas. El ser un líder es la posibilidad y la decisión personal de comprometerse en ayudar a otras personas.

Cuando ayudamos a otros a poner en juego sus propias perspectivas, despertar el potencial que duerme dentro de ellas, podemos ayudarlos a ver el verdadero propósito en sus vidas. Al hacer esto de tal manera, ellos mismos pueden conducirse en función de sus propios principios y prioridades, y ellos mismos podrán vivir vidas extraordinariamente efectivas y sanas.

C.S. Lewis dijo: "**Cuando llegues a un crucero en la vida, donde tienes que tomar una decisión de ir a la derecha o la izquierda, si escogiste mal, regrésate y toma el otro camino. Andar en el camino correcto te ayudará a vivir la vida correcta.**" Toma decisiones en tu vida para ayudar a otros y verás que tendrás una vida extraordinaria.

2 LA INFLUENCIA POSITIVA, FORTALECE A OTROS

Capítulo Dos — La influencia positiva, fortalece a otros

— "Al iluminar a otros sus grandes posibilidades, los ayudas a alcanzar su potencial." —

> "Pues si yo, el Señor y el Maestro, he lavado sus pies, vosotros también debéis lavaros los pies los unos a los otros. Porque ejemplo os he dado, para que como yo os he hecho, vosotros también hagáis. De cierto, de cierto os digo: El siervo no es mayor que su señor, ni el enviado es mayor que el que le envió. Si sabéis estas cosas, bienaventurados seréis si las hiciereis."
> **Juan 13:14-17 RVR1960**

Mi esposa Tiffany y yo hemos sido grandemente bendecidos al tener hombres y mujeres de Dios para ayudarnos a crecer en nuestros niveles de liderazgo, tanto en lo personal como lo impersonal. Hay varios ministros y líderes, a los cuáles conocemos personalmente, que no tienen líderes más fuertes que ellos que los desafíen continuamente a crecer y ser más efectivos.

La señal de un líder efectivo y verdadero es la habilidad de permitirles a otros que le ayuden a crecer y lo capaciten para ser más efectivo como líder. De una manera u otra, nosotros ministramos y entrenamos a líderes cada semana del año. Hemos visto que no importa a dónde vayamos, no todos los líderes están entrenando a otros líderes.

Ellos no tienen hombres y mujeres en sus vidas que los ayuden y los capaciten para crecer. La gran mayoría de la gente quiere crecer, pero necesitan a alguien en su vida que les levante a otros niveles de operación personal. Hemos notado que muchos líderes no han sido desafiados ni inspirados a crecer, por lo tanto, no han crecido.

Jesús desafío a sus discípulos a seguir su ejemplo de influencia. El impacto que Jesús hizo en la vida de cada uno de sus discípulos no tiene medida, pero realmente fue un cambio radical de vida para cada uno de ellos. Jesús vivió delante de sus discípulos un ejemplo del verdadero servicio, y les dijo que serían bendecidos si ellos hacían lo mismo con otros.

Después de que Jesús lavó los pies de sus discípulos, Él les dijo que ellos tenían que hacer lo mismo con otros. Él los estaba instruyendo a lavarse los pies unos a otros, pero, también les estaba enseñando a seguir Su ejemplo de influencia. El liderazgo es influencia por medio de un ejemplo, más que por un dicho.

Jesús tenía influencia con sus discípulos porque Él continuamente estaba viviendo una vida de servicio delante de ellos. Aún en los conflictos los discípulos sabían que Jesús cuidaba de cada uno de ellos, porque Él continuamente demostraba una vida de influencia positiva y de servicio. Para poder fortalecer a otros, un líder debe influenciar positivamente la vida de sus seguidores con un ejemplo de verdadero servicio.

> Tristemente, muchos siguen los carismáticos, más que a los de carácter, pero esto es la realidad de la vida natural.

La clave de poder vivir extraordinariamente es, seguir el ejemplo de alguien que ya vive así. Tristemente, muchos siguen a los carismáticos, más que a los de carácter, pero esto es la realidad de la vida natural. Pongo delante de ti hoy, el desafío de encontrar a un verdadero líder con un corazón de siervo y permitirle influenciar tu vida de una manera positiva.

Si tú no has tenido a este tipo de persona como influencia en tu vida de líder, probablemente tú no reproducirás esta cualidad en tus seguidores. Mi esposa y yo tenemos esa clase de personas en nuestras vidas, unas de esas personas es el Dr. John C. Maxwell y los que son de su equipo.

Ellos han sido gente verdaderamente de Dios en nuestras vidas y han estado ahí para nosotros, siempre que hay alguna situación difícil que estamos enfrentando, ya sea en nuestra familia o liderazgo. Nosotros hemos aprendido de ellos que tanto la familia como el liderazgo tienen la misma importancia.

Ellos nos dijeron que la fuerza de nuestra familia siempre será la fuerza de nuestro liderazgo, nunca podrás guiar a otros a niveles más altos de los que guías a tu familia. Cuando fracasas como líder familiar, verás esos mismos errores afectándote en tu habilidad al guiar a externos. Nuestros líderes han sido gente que nos ha ayudado y capacitado en nuestras vidas.

Ellos se han tomado el tiempo de ayudarnos personalmente a desafiarnos a nosotros mismos, a cambiar para engrandecer nuestro potencial como padres, esposos y también como ministros del evangelio.

— "**Cuando tú engrandeces a otra gente, iluminas su futuro. Cuando ellos expanden sus horizontes, mejoran sus actitudes, aumentan sus habilidades o aprenden nuevas maneras de pensar, ellos se desarrollan y viven mejor; y eso aumenta su potencial."** — John C. Maxwell.

En una de nuestras lecciones de liderazgo semanales, las cuáles mandamos a muchos líderes, fui inspirado a escribir acerca de cómo mi vida ha sido personalmente impactada por varios hombres, quienes me han desafiado continuamente a crecer como líder. Esos hombres realmente me han ayudado y capacitado para ser más efectivo al guiar a mi familia y a otros.

Ellos a través de su habilidad en el liderazgo, me han ayudado a alcanzar niveles de efectividad más altos de los que yo hubiera podido alcanzar solo. Aquí está la lección por e-mail de marzo del año 2002:

"El Señor me ha bendecido con personas preciosas en mi vida. Hace poco tiempo en Acapulco-México conocí a un pastor llamado David Castellanos. Desde que lo conocí, sentí una profunda amistad con él. Fue como si nos conociéramos de toda la vida. Él es un hombre que ha bendecido mi vida de una manera poderosa y le doy gracias a Dios por su amistad. Él es un verdadero siervo que me ha mostrado respeto y honor como amigo y como ministro."

"Hace casi un año, durante una ceremonia de graduación del Instituto Bíblico en la ciudad de México, conocí a un hombre llamado Juan Diego Zacarías. Este hombre de Dios me abrió la puerta de su corazón, de su vida y también de su ministerio. En un tiempo difícil de nuestras vidas, él nos ayudó a ver muchas cosas que no habíamos visto acerca de nuestras propias vidas. Él es un hombre honesto y amable que me ha ayudado y apoyado tremendamente con un tipo de amistad que no mucha gente tiene la habilidad de dar."

"Hace poco menos de un año llamé a las oficinas de Proyecto Crece, la cual es una organización de entrenamiento en liderazgo en la ciudad de México. Hablé con un hombre llamado José Luis Taddei. Compartí con él nuestra visión y la dirección hacia donde íbamos en el ministerio aquí en México. En el momento que lo conocí personalmente, poco tiempo después de nuestra conversación por teléfono, sentí una conexión especial con la visión y la pasión que él tiene para entrenar líderes, él también nos ayudó a descubrir cualidades en nosotros que no muchos otros habían visto. Él es un hombre de honestidad y confianza, y creo que Dios lo ha puesto a él y a su familia en nuestras vidas con un propósito especial."

Hay muchas otras personas que podría mencionar, pero por falta de tiempo y espacio sólo mencionaré a éstos tres. Estos tres hombres tienen cosas en común. Ellos poseen cualidades que yo creo que todo líder debería tener en sus vidas, para poder ser efectivos. He notado que cada una de estas cualidades han ayudado y capacitado a mi esposa, mi familia y a mí en ciertas áreas.

Cada uno a su manera ha tenido la habilidad de impactar nuestras vidas casi instantáneamente. Y aquí están las cinco cualidades, que yo creo, cada líder debe tener en su vida para ayudar a otros a alcanzar su máximo potencial en el liderazgo:

Generosidad: Un líder debe pensar lo más que pueda en términos de dar y apoyar a otros, para poder hacer una diferencia a largo plazo en la vida de muchos.

Amar: De la manera en la que un líder recibe y trata a otros es de la manera que dejará una impresión a largo plazo. El amor le da al líder la habilidad de decir a otros que tan importantes realmente son sus vidas.

Honestidad: Los líderes tienen la habilidad de que al ser completamente honestos con otros, lo que dicen realmente tenga significado. Una persona honesta es aquella que continuamente busca edificar a otros.

Humildad: No importa en dónde se encuentra socialmente el líder en la vida, un líder tiene la capacidad de mantenerse humilde y poder ser así con los demás.

Formador: No importa quién eres ni de dónde vengas, un líder siempre trata de ayudar a
otros a lograr grandes cosas para Dios.

No hay algo más impactante que podamos experimentar en la vida, que ver a alguien tomar de su tiempo para estar interesado en nuestras vidas y que nos trate verdaderamente como personas. Imagínate dónde estaría nuestro liderazgo si, poseyéramos éstas cinco características básicas del liderazgo en nuestras vidas y tomáramos la importancia suficiente en desarrollar las mismas cualidades dentro de otros.

Jesús entrenó a sus discípulos para capacitar y fortalecer a otros. Él los llamó a que lo siguieran. **"Vengan, síganme - les dijo Jesús -,** y los haré pescadores de hombres." Mateo 4:19 NVI Jesús les dijo a sus discípulos que se convertirían en pescadores de hombres si lo seguían. Él sabía que sería un proceso de tiempo el entrenar y preparar a cada uno de ellos, pero Él los puso como prioridad en Su vida, y los capacitó y fortaleció para ser verdaderamente efectivos.

Muchos líderes buenos nunca llegan a ser grandes líderes, porque no tienen a nadie que los ayude a crecer más fuertes y efectivos en el liderazgo con su familia y con otros. Cuando alguien no tiene a una persona en su vida que lo desafíe a crecer, existe la tendencia de descansar solamente en lo que pueden aprender por ellos mismos.

> Un líder siempre está dispuesto a aprender de otros y respetuosamente desafiar a otros a crecer.

Un líder siempre está dispuesto a aprender de otros y respetuosamente desafiar a otros a crecer. Tú no puedes impulsarte de experiencias pasadas para llevarte hacia adelante en el liderazgo. Experiencias pasadas en el liderazgo pueden ayudar a ver de dónde vienes, pero no serán tu guía para el futuro.

Para los líderes, es sabio buscar cuidadosa y selectivamente a la gente, y las cosas en la vida que les ayudarán a crecer continuamente para ser más efectivos. Tu efectividad puede ser limitada si no ayudas a otros, o no tienes a otros para ayudarte a crecer. Jesús les dijo a sus discípulos que los haría pescadores de hombres, lo que significa que todavía no lo eran, pero que podían serlo. Jesús estaba expresando a sus discípulos que Él estaría con ellos durante el proceso hasta que la meta se alcanzara.

La meta era que se convirtieran en líderes efectivos que guiaran efectivamente a sus familias y a otros, hacia niveles más altos de efectividad. La base principal de una vida extraordinaria inicia con la influencia de una familia extraordinaria. Pero en muchas ocasiones, la mayoría de la gente no tiene el gran lujo de tener una familia extraordinaria.

Si no has tenido ese lujo, podrías iniciar dando a otros algo de lo que has recibido. Cuando tú ayudas a otros a crecer en sus responsabilidades de liderazgo, es importante recordar ciertos puntos de valor. Ayudar y capacitar a otros requiere voluntad de parte de la persona a quien estás capacitando.

Si tienes un interés genuino en ayudar a otros a crecer, normalmente ellos te responderán de manera positiva. Si ellos no ven en tu vida la habilidad para ayudarlos y capacitarlos, normalmente ellos te responderán de manera negativa. Ser un líder efectivo para tu familia es crucial para la manera en la que otros te responderán.

Jesús les pidió a Simón Pedro y Andrés que lo siguieran, y en el verso 20 de Mateo 4 dice: "Al instante dejaron las redes y lo siguieron." Jesús tenía un interés genuino en estos dos hermanos, y ambos respondieron positivamente a lo que Jesús les pidió para ayudarlos y capacitarlos, y así convertirlos en líderes efectivos. Cuando su amor hacia otra persona es genuino, nadie tiene que convencer a nadie.

Los discípulos entendieron que Su Maestro realmente tenía cuidado de ellos. Un excelente liderazgo es un liderazgo que se encarga de ayudar a los que quieren mejorar sus vidas. Desde hace muchos años, muchos años antes de que Máximo Potencial fuera reconocido como el líder de liderazgo en América Latina, hemos tenido la visión de ayudar a la gente a mejorar.

Sería genial pensar que todos quieren mejorar y alcanzar el máximo de su potencial en la vida, pero la realidad es que hay un porcentaje de gente que no desea mejorar. La gran mayoría de las personas en el mundo creen que están bien tal cual como son. Todos tienen la capacidad de vivir extraordinariamente, pero muy pocos van a hacer lo necesario para hacerlo.

Padres y madres en el mundo están haciendo a sus hijos e hijas el mismo tipo de petición que Jesús hizo a sus discípulos. Posiblemente todos los padres quieren convertir a sus hijos en algo, pero eso nunca sucede sin qué cueste tiempo, cuidado y un interés genuino en la vida de sus hijos.

Un hecho triste y que disturba, es que mucha gente joven no ve a sus propios padres como una opción de alguien que los puede ayudar y capacitar para ser más efectivos como líderes. Hemos conocido a gente que siendo niños, sus padres los prostituían para tener dinero, igualmente, hemos conocido a hijos cuyos padres que invirtieron todo lo que tenían, para que fuesen mejores que ellos.

Sin excepción, cualquiera en cualquier tiempo o momento, tiene que tomar la decisión, de qué, si me dieron nada o me dieron todo, yo tengo que mejorar. Nadie es responsable de tu vida más que tú; otros te pueden ayudar, pero tú eres el único responsable.

Como cualquier otra persona a la que guías, tu hijo te seguirá y te respetará como líder si muestras un interés genuino en su vida. Si tus hijos saben que tienes un deseo genuino de verlos convertirse en personas más efectivas y estás dispuesto a amarlos en sus altas y bajas de la vida, entonces ganarás el derecho de ayudarlos y capacitarlos en la vida.

Hay un principio que Jesús quiso establecer con sus discípulos, el cual, muchos líderes han mal entendido. El principio de Jesús fue el de convertir a sus discípulos en pescadores de hombres. Esto significa que Él los haría pescadores de toda clase de gente, lo que incluye a sus familias.

Si crees que el ayudar y capacitar a otros para ser más efectivos es sólo para aquellos fuera de tu familia, entonces tu familia sufrirá y les costará trabajo recibir algo de ti como líder; por ende, muchos hombres y mujeres sienten que no reciben el respeto que desean en sus casas. Como líder tienes que ganarte el respeto de los de la casa igual como de los de la calle.

El respeto no es algo que la gente da sin la debida influencia sobre su vida. Un día, un amigo llegó a la casa y me pide ayuda sobre cómo puede la gente en su ministerio respetar a su esposa, yo le dije: "Eso depende de ti, de cómo hablas de ella, pero también depende de ella, en cómo se trata con los demás."

Muchas familias están heridas porque sus líderes no toman atención en que ellas aprendan las cualidades de liderazgo necesarias para fortalecerse, y muchos líderes están heridos porque no hicieron lo que debían hacer cuando tenían la fuerza de su juventud para hacerlo. Todos pueden mejorar y ser alguien impresionante e impactante con su vida.

> Todos pueden mejorar y ser alguien impresionante e impactante con su vida

Un líder debe poner a su familia como prioridad y no sólo como algo de lo que tomar cuidado al finalizar un día de trabajo o hasta el fin de semana. Tu responsabilidad de liderazgo realmente está en donde tienes influencia. Culpando a otros por lo que no tienen o porque lo que querían no se obtuvo, no va solucionar las dificultades.

En algún tiempo en la historia, había gente pensando que, si caminaban en caravanas por miles de kilómetros para alcanzar la frontera de Estados Unidos, al llegar sus vidas iban a mejorar mágicamente. Lamentablemente, lo que no entendieron es que quienes son en su nación, es quienes van a ser en otra nación. Si no hay cambios, no habrá cambios.

Para vivir extraordinariamente, uno tiene que tomar responsabilidad de sus decisiones. Claro que algunos nacen con dificultades más difíciles que vencer, y otros no tienen que vencer tantas cosas, pero la neta del planeta es que todos vivirán al nivel de sus decisiones. La sociedad, la cultura o tus costumbres personales tienen influencia sobre ti ahora, y en el futuro.

Esa influencia, de querer mejorar tu medio ambiente debe venir de dentro de ti primero y luego se manifiesta en un interés genuino de ayudar a otros. Una de las claves principales de vivir extraordinariamente es que, yo tengo que ser lo que sí quiero vivir. Cuando mejoras, es una garantía de la vida, las cosas mejorarán.

Las personas que te siguen te buscan por diferentes factores importantes. Como líder, debes saber que la gente está buscando un liderazgo de calidad, y si ellos lo encuentran, lo seguirán. Como nos había dicho el Dr. **John C. Maxwell**: — "**Todos te siguen por una razón, pero van a quedarse contigo por muchas razones más.**" —

Si el líder puede ganar influencia en la vida de los miembros de su propia familia y en las vidas de otros, ese líder ayudará y capacitará para hacer lo mismo. Tienes que darte cuenta de que las personas de tu familia y alrededor tuyo, desean crecer y ser más efectivas en la vida; son muy pocos los que no quieren mejorar sus vidas.

Todos quieren tener oportunidades para ser alguien que sabe obtener más de la vida, todos quieren alcanzar sus sueños y lograr sentir cómo su vida vale algo. Lo van a buscar en algo o en alguien, pero toda la humanidad quiere saber cómo vivir extraordinariamente. Si tú como líder, sabes cómo ayudarles a lograrlo, serás un gran líder.

Si la gente va a buscarte a ti para que los ayudes a alcanzar más de su potencial, tienes la responsabilidad de vivir una vida digna de confianza. Ellos necesitan saber que hay algo que su líder tiene para ofrecerles en el proceso del desarrollo de su potencial, necesitan un ejemplo para seguir y a alguien que les dé razón para avanzar.

Jesús sabía que sus discípulos deseaban crecer, entonces, Él invirtió el tiempo de influenciar sus vidas de una manera positiva para fortalecerlos en ser más efectivos. Cuando tú te des cuenta que todos quieren vivir extraordinariamente, sentirás la carga de levantar tu vida para ser un líder digno de seguir.

> "Ustedes se hicieron imitadores nuestros y del Señor cuando, a pesar de mucho sufrimiento, recibieron el mensaje con la alegría que infunde el Espíritu Santo. De esta manera se constituyeron en ejemplo para todos los creyentes de Macedonia y de Acaya."
> **1 Tesalonicenses 1:6-7 NVI**

3
EL TENER PRIORIDADES AÑADE VALOR A OTROS

Capítulo 3 — El tener prioridades añade valor a otros

— "Va a madurar, crecer y desarrollarse al nivel de sus prioridades." —

"Porque quiero que sepáis cuán gran lucha sostengo por vosotros, y por los que están en Laodicea, y por todos los que nunca han visto mi rostro; para que sean consolados sus corazones, unidos en amor, hasta alcanzar todas las riquezas de pleno entendimiento, a fin de conocer el misterio de Dios el Padre, y de Cristo, en quien están escondidos todos los tesoros de la sabiduría y del conocimiento. Y esto lo digo para que nadie os engañe con palabras persuasivas. Porque aunque estoy ausente en cuerpo, no obstante en espíritu estoy con vosotros, gozándome y mirando vuestro buen orden y la firmeza de vuestra fe en Cristo."
Colosenses 2:1-5 RVR1960

Nuevamente vemos el ejemplo de la vida de Pablo, en cómo, su primera prioridad eran otros. Pablo no contaba con un sistema moderno de correo, como la mayoría de los países tienen actualmente. Él no contaba con acceso a Internet o a un teléfono celular, los cuáles ahora son muy comunes en todas partes del mundo.

Aun así, Pablo continuamente hizo de la gente su prioridad. Aun cuando él estaba en la cárcel y no podía visitar a sus amigos más queridos, él mandó a líderes confiables, fieles y responsables como Timoteo, Tito, Tíquico, Epafras y otros. Para vivir extraordinariamente, uno tiene que intencionalmente tener la prioridad de añadir valor en la gente.

La razón por la cual él hizo todo lo que hizo fue por que su prioridad eran los otros, y por esa misma causa de poner a otros como prioridad, él añadió valor a sus vidas. Las personas que recibieron a Pablo en persona o solo a sus cartas, sabían que eran importantes para él. Vivir normal es añadir algo a mí, vivir extraordinariamente es añadir algo a otros.

Aun cuando la gente estuviera en contra de Pablo y dijera mentiras acerca de él, aquellos que recibían sus cartas y lo conocían personalmente no eran engañados por las mentiras de la gente, ellos sabían que eran importantes para él. Cuando un líder pone como prioridad a la gente, añade valor a ellos.

Si la gente sabe que hay alguien que los valora, ellos quedarán impactados por esa persona, aún en los tiempos difíciles. Los que viven extraordinariamente tienen una pasión por añadir valor a la vida de la gente, a quienes les gusta saber que sus vidas tienen valor y, que son valiosos para algo especial y específico. Cuando las cosas y los horarios son más importantes que las personas, se dan cuenta de la prioridad de ese alguien. Claro que todo es con balance, porque en algunas culturas hay ciertas personas que son tan sociales que no se toman el tiempo para mejorar o prepararse; y en otras culturas la prioridad es hacer y obtener cosas.

Si la familia no tiene un alto nivel de valor, se sentirán inferiores. Hemos hablado con mucha gente que eran hijos de padres alcohólicos, y debido al abandono de sus padres por cuestión de sus adicciones, que ellos crecieron con luchas o un déficit en su alma de inferioridades personales.

La naturaleza humana es tan frágil y débil que debe sentirse valorada por algo o alguien. Cada uno, sin importar quién o por dónde, tiene que permitirle a alguien valorarlo para sentirse valorado. Yo no le permití a mi papá que añadiera mucho a mi vida o que me ayudara a crecer en mis responsabilidades personales o profesionales.

La razón por la cual no se lo permití es porque siempre había algo más importante para él que su familia. Esto no sólo se aplica en la familia, sino en trabajos, amistades y ministerios también. Si no valoras a otros, ellos limitarán la cantidad de valor que añadirás a sus vidas; si alguien no se siente importante para uno, no va a estar dispuesto a abrirle su alma.

> La vida extraordinariamente vivida tiene la prioridad de añadir valor a la gente

Mi papá me compartió muy claramente acerca de cuáles eran sus valores y prioridades en la vida, simplemente por el tiempo y la energía que dedicaba a su familia. Si podemos ser honestos, muchos esposos, esposas e hijos están experimentando la misma situación en sus propias vidas ahora. La vida extraordinariamente vivida tiene la prioridad de añadir valor a la gente.

Donde la gente gasta su tiempo y su energía es lo que habla a los demás de dónde esta su verdadera prioridad. **"Uno puede tener una posición de liderazgo, pero si no está tocando los pensamientos y las acciones de otros, esta persona no es un líder."** – John C. Maxwell.

LO QUE DICE Y LO QUE HACE

Yo trabajé con un hombre que nos ayudó a mí y a mi esposa a establecer los cimientos de una emocionante obra cristiana en Xochimilco, México. Este hombre continuamente me decía cuánto amaba a su familia, continuamente le decía a su esposa e hijos cuán importantes eran ellos para él, no había necesidad de afirmación verbal y apoyo hacia su familia.

Él trabajaba tanto en un día que al momento de regresar a su casa, estaba completamente exhausto para pasar tiempo con su esposa e hijos. Él trataba de tomar un descanso del trabajo de vez en cuando, pero cuando él trataba de hacerlo, tenía que trabajar extra para lograrlo. A veces utilizaba el sábado o el domingo, pocas veces al mes para pasar tiempo con su familia.

Donde se invierte el tiempo de alguien, allí esta su prioridad, porque por allí esta su corazón. Usualmente el tiempo que pasaban como familia viajando a un lugar nuevo, era para relajarse de los negocios, su relación con su esposa e hijos era muy distante, porque todos ellos sabían que su prioridad, tiempo y energía eran su trabajo.

Una vez que sus hijos quisieron acercarse a Dios, él empezó a apoyarlos en su nueva fe, llevaba a sus hijos a la iglesia y pasaba todo el día con su familia cada fin de semana. Él empezó a llegar temprano a la iglesia para ayudar en la limpieza y preparación de los servicios de los domingos en la mañana.

Poco tiempo después, este hombre empezó a alejarse de su compromiso conmigo y con el ministerio, pero también con su esposa y con sus hijos. Volvió a tener prioridad con todo el mundo, menos con Dios, su esposa y su familia. Él usó la excusa de que estaba muy cansado, demasiado cansado para la iglesia, pero no para sus amigos y preferencias.

Este hombre empezó a ser inconstante en ayudar a la iglesia, de apoyar con sus finanzas y de estar con los que le estaban ayudando a mejorar su vida. Empezó a faltar algunos domingos al mes y luego varios meses seguidos, hasta que nunca lo vimos otra vez. El corazón vacío siempre buscará llenarse con cosas antes que llenarse con su Creador.

Poco tiempo después de que ese hombre se alejó al cien por ciento de la iglesia y de su familia, uno por uno empezaron a seguir su ejemplo. No mucho tiempo después, su esposa hizo lo mismo, en lugar de aprovechar que la familia estaba unida en un mismo sentir y con una misma pasión y visión, ese hombre arruinó el objetivo que muchos desean tener.

Como líder de su familia, este hombre tuvo la tremenda oportunidad de unir y guiar a su familia a una dirección positiva que los ayudaría y los capacitaría. Pero, a causa de un liderazgo inestable y con prioridades no tan sólidas, su familia empezó a experimentar serios problemas. Entre ellos había muchos problemas, igual como con todos los demás.

Todos los hijos empezaron a experimentar, al igual que el papá, problemas de inmoralidad, incluso antes de que sus hijos fueran adolescentes. Aunque todos vivían en la misma casa, básicamente todos estaban separados por sus trabajos, amigos y actividades. Ellos enfrentaron bastantes problemas no queridos, solo por prioridades inestables.

Este hombre invertía una buena porción de su tiempo y energía trabajando como proveedor para su familia, con el objetivo de que ellos tuvieran una vida mejor. Él no se dio cuenta de la importancia de poner a la gente como prioridad y no al trabajo, especialmente a los de su propia familia. Para vivir extraordinariamente es necesario vivir bajo las prioridades correctas.

La última vez que mi esposa y yo vimos a este hombre, todavía seguía poniendo como prioridad el trabajo y no a su familia. Él no estaba dispuesto a cambiar, aunque los efectos de sus decisiones anteriores eran muy claras. No estoy compartiendo esta historia, para criticar a este hombre por la manera en la que él falló al guiar a su familia.

Estoy compartiendo esto para mostrarte la realidad sobre la importancia de guiar a tu familia, y continuamente ponerla como prioridad. Tarde o temprano, las prioridades, sean buenas y positivas o mal enfocadas y negativas, van a obrar a su favor o a su contra. Ese hombre cometió adulterio, sus hijas tuvieron hijos fuera del matrimonio y todo iba cuesta abajo.

Cada líder tiene que tomar decisiones a lo largo de su vida. Una buena y sólida decisión está en guiar a la familia hacia un mayor conocimiento y entendimiento de Jesucristo. Cuando uno quiere vivir extraordinariamente, va a hacer todo posible por mejorar su vida y las vidas de aquellos que ama.

HAY UN PRECIO QUE PAGAR

> El líder tiene que darse cuenta de que las palabras no son suficientes para ayudar y capacitar a su familia y a los externos.

El líder tiene que darse cuenta de que las palabras no son suficientes para ayudar y capacitar a su familia y a los externos. En el liderazgo, las palabras son importantes, pero no son un factor determinante en el proceso de crecimiento de aquellos a quienes lideras. Cuando uno toma buenas decisiones, automáticamente está añadiendo valor a las vidas de otros.

El líder tiene que estar dispuesto a tener como prioridad a la gente, para así, poderlos ayudar y capacitar adecuadamente en el crecimiento de sus responsabilidades de liderazgo. Como líder, si pones como prioridad a otros, tendrás la habilidad de mostrarles los beneficios del crecimiento y equiparlos en el proceso del desarrollo de su liderazgo.

Lo que tu boca pueda decir no importa, tus acciones le muestran a la gente cuáles son tus valores en la vida.

> **"Hijitos míos, no amemos de palabra ni de lengua, sino de hecho y en verdad."**
> **1 Juan 3:18 RVR1960**

Uno de los discípulos de Jesús, Juan, entendió un concepto muy sólido del liderazgo.

Como líder, tus palabras no tienen valor si no están apoyadas por acciones. Un líder verdaderamente efectivo debe tener acciones en su estilo de vida que apoyen las palabras que salen de su boca. Si nosotros queremos cuidar mejor nuestras vidas, tenemos que entender cómo cuidarla mejor; más que solamente querer, tenemos que hacer.

Si tu liderazgo sólo está apoyado en palabras y no en acciones, aquellos que te siguen empezarán a perder la confianza en ti como líder. Jesús hablaba, pero como líder, Él tenía un estilo de vida que sonaba más fuerte de lo sus palabras lo hacían. Aún desde niño las palabras de Jesús tenían importancia:

> "Y todos lo que le oían, se maravillaban de su inteligencia y de sus respuestas."
> Lucas 2:47 RVR1960

Jesús hizo más que sólo dar un buen sermón, Él continuamente confirmaba Sus palabras al probarles a sus discípulos Su amor por ellos.

> "No les decía nada sin emplear parábolas. Pero cuando estaba a solas con sus discípulos, les explicaba todo."
> **Marcos 4:34 NVI**

Todos tenemos fallas, pero los que mejoran sus debilidades, vivirán extraordinariamente.

Las personas que te siguen están buscando que les des un sentido de valor en la vida. Ellos quieren saber que pueden ser parte de tu vida, de una manera o de otra. Si la gente no siente que pertenece a algo, ellos empezarán a buscar en otro lado donde puedan tener un sentido de pertenencia.

Cuando ellos no sienten que son la prioridad para ti, no se sentirán valorados por ti. Cuando alguien no se siente valorado por su líder, empieza a hacer cosas para llamar su atención. Mas allá que solamente una rebeldía, ellos quieren descubrir qué clase de valor tienen ellos en tu vida como su líder.

Esposos, esposas y padres de familia deben entender que la falta de respeto en el comportamiento de un niño muchas veces es el resultado de la inseguridad que el niño tiene dentro de él, por no tener un sentido de valor o de prioridad en la vida de sus propios padres. En todas las esferas de la vida, esa clase de acción es una verdad.

Un gran porcentaje de los jóvenes que están en vandalismo, generalmente son aquellos que están buscando a alguien que los ponga como prioridad y los valore. Ellos no reciben lo que desean de sus familias y buscan otros lugares donde obtener lo que no les fue dado en casa. Lo mismo se aplica en los trabajos, amistades y ministerios.

Mucha gente no es leal en el lugar donde está, porque su líder, hasta cierto punto, no pone a la gente como prioridad. La gente que te sigue no sólo está buscando ser una prioridad en tu vida, sino, también requieren que les añadas valor.

Una de las quejas más comunes que los líderes tienen es que, parece que su familia y las personas que los siguen no muestran un compromiso por servir. Algunos líderes han comentado que creen que sus seguidores tienen falta de visión, cuando realmente lo que ellos están buscando es que alguien los ponga como prioridad y añada valor a sus vidas.

LA VISIÓN AÑADE VALOR A OTROS

La visión es transmitida del líder a sus seguidores. Cuando los seguidores sienten que son prioridad en la vida de su líder, aunque un líder no puede darle visión a una persona, se les puede mostrar la visión. El líder no solamente debe tener visión, debe tener la habilidad para hacer la visión visible a otros, eso mientras pone a sus seguidores como prioridad.

Una persona necesita tener una visión visible de su líder para seguirle, entonces, es el líder quien sabe que para revelar la visión a sus seguidores, se compromete con la gente a la que está guiando. Los líderes deben saber que tanto su familia como otros, no quieren equivocarse en la vida, ellos quieren realmente hacer algo significativo que haga la diferencia en la vida de otros.

La manera en la que el líder revela la visión a otros, será la diferencia entre un gran éxito o un terrible fracaso. El líder que pone a la gente como prioridad, es un líder que guía con visión, y esa visión es poner a la gente como prioridad.

Mucha gente no ve sus sueños y deseos hacerse realidad, porque sienten como si no lo pudieran hacer solos. Ellos también se sienten como si fueran incapaces de realizar algo de verdadero significado y valor. Cuando un líder tiene la habilidad de revelar su visión a otros, hay un sentido de propósito que nace en el corazón y la de sus seguidores.

Si tu familia y otras personas a las que guías tienen un sentido de propósito y valor, ellos empezarán a experimentar el crecimiento. Los líderes deben reconocer que con visión la gente puede cumplir mucho, pero sin visión la gente cumple poco.

> "Donde no hay visión, el pueblo se extravía; ¡dichosos los que son obedientes a la ley!"
> **Proverbios 29:18 NVI**

El líder debe dar a sus seguidores visión, revelación, propósito y destino. Posiblemente, la mejor manera de hacer esto es siendo un líder que tiene un interés genuino en la vida de la gente que guía, y que continuamente les añade valor al ponerlos como

> El líder debe dar a sus seguidores visión, revelación, propósito y destino.

prioridad. Al líder buenísimo, todos le son un 10 y todos son como si fueran su familia, gente valiosa.

Los padres de familia, los líderes de empresas o ministerios que ponen como prioridad a la gente, usualmente serán personas que harán lo mismo con sus hijos y los hijos de otros. Como un líder, es importante tener la visión de poner a la gente como prioridad en tu vida; la gente seguirá a alguien que lo pone como prioridad.

Es impresionante lo que la gente puede cumplir cuando en su vida tiene como prioridad a la gente; y también, es impresionante lo que la gente no cumple cuando no tiene esta prioridad. Cuando la gente que guías se da cuenta de que no añades valor a sus vidas, empezarán a buscar a otra persona que sí lo haga.

Tal vez seas una gran persona con una gran personalidad, pero si no pones a la gente como prioridad no tendrás dirección. **"El liderazgo es imposible sin una visión que te muestre donde ir y un propósito que genere pasión para cumplirla. La visión o el propósito que te guía es la fuente de la cual el liderazgo toma su fuerza para activar el compromiso,** cooperación y la confianza de otros." — Myles Munroe.

SIEMPRE HACER LO MAS IMPORTANTE

Stephen R. Covey dijo: "El líder del futuro será líder en cada área de su vida, especialmente en su familia." Yo cometí errores en el proceso de capacitar y poner a mi familia como prioridad, pero también he aprendido la importancia de mostrarle a mi familia la prioridad que ellos tienen para mí.

Tuve que hacer correcciones en mi vida para que hubiera cambios que mejoraran las cualidades del liderazgo en mi familia. Un líder nunca tendrá suficiente tiempo para regresar y reconstruir a su familia, no después de haberse realizado en su ministerio o vocación. Decide desde temprano que nunca sacrificarás a tu familia, incluso por alguna meta o el éxito.

Mucha gente ha caído en la trampa de pensar que pueden trabajar duro al principio de la vida, hacer los sacrificios necesarios y después pasar tiempo desarrollando y ayudando a su familia. Casi todas las cosas se pueden recuperar en la vida, pero algunas cosas te van a costar bastante para recuperar y restaurarlas, las relaciones humanas son una de esas cosas.

"Más resiste el hermano ofendido que una ciudad amurallada; los litigios son como cerrojos de una fortaleza."
Proverbios 18:19 NVI

Una de las prioridades principales que un líder debe tener en su vida, es la prioridad de invertir tiempo para establecer las cualidades de su liderazgo, que son, desarrollar las habilidades de su familia y de los más cercanos.

Lo que te menciono es de suma importancia, ayudar y capacitar a tu familia y tus seguidores debe ser siempre tu prioridad principal. Tenemos unos amigos que viven con bastante lujo en Alabama, EUA. Ellos viven en una comunidad con casas de alto valor, y constantemente nos comentan de los problemas que dichas familias tienen en su comunidad.

Los hijos de esas familias no tienen identidad, están perdidos, son rebeldes, tienen adicciones y malos hábitos porque los padres dedicaron sus vidas a ganar dinero, negándoles a sus hijos el tiempo y la atención que necesitaban. Tú aún estás a tiempo de construir a tu familia y construir el ministerio o vocación a la cual Dios te ha llamado.

Ese es el plan de Dios para tu vida, Él desea que tengas éxito en todas las áreas de tu liderazgo. El líder debe saber sus prioridades en la vida para poder ser realmente efectivo al guiar a otros, por ende, debe de haber prioridades en tu vida a las cuales continuamente les debas dar de tu tiempo, esfuerzo, energía y cuidado. Una de ellas es poner a la gente como prioridad para añadirles valor.

Debes estar motivado con la importancia de tu responsabilidad de liderazgo hacia tu familia y, hacia aquellos a quienes estás ayudando y capacitando para ser líderes más efectivos. Hablo mucho de familia, pero entiende que esto se aplica a todas las áreas en tu vida personal.

"La casa es la prueba verdadera a la calificación del liderazgo. Si un hombre no ha tenido éxito en ejercitar una disciplina de aprecio y de felicidad en su propia familia, ¿se puede esperar que éste hombre haga algo mejor con una organización o iglesia?" — J. Oswald Sanders.

Es tiempo de que los líderes le den la debida importancia a las cosas que realmente tienen valor para Dios, Él te ha preparado de una manera para que seas realmente un líder efectivo para tu familia y para otros.

Te motivo a hacer los cambios necesarios en tu vida para que seas un líder que ponga como prioridad a la gente.

> Aún no es tarde para añadirle valor a otros, pero un día lo será.

No permitas que el tiempo pase, no antes de empezar a mostrarle a tu familia y a otros cuán importantes son para ti. Mientras creces en el área de poner a la gente como prioridad, debes darte cuenta de que ellos también están creciendo en la prioridad de añadir valor a otros. Aún no es tarde para añadirle valor a otros, pero un día lo será.

Cuando esta prioridad de liderazgo empieza a funcionar en tu vida, verás como la gente empieza a responder a tu liderazgo de una mejor manera, simplemente porque tu prioridad es añadir valor a otros. Tú eres el líder que Dios desea usar para hacer la diferencia, tanto en las vidas de tu familia como en las vidas de tus seguidores.

Todas las cosas son posibles cuando tienes tus prioridades en orden. Para vivir una vida extraordinariamente llena de bienestar, se requiere que apliques y vivas los principios que van a producir lo que tu alma desea, y lo que es conforme a la voluntad de Dios para tu vida. Todos pueden vivir extraordinariamente, pero pocos realmente tendrán esa vida.

El **Dr. John C. Maxwell** nos dice continuamente: "**Nunca cambiará tu vida hasta que cambies algo qué haces diariamente.**" Son las disciplinas diarias más básicas y pequeñas las que pueden causar los cambios más grandes e impresionantes. Son los detallitos los que determinan si seremos grandes o pequeños, ordinarios o extraordinarios.

Todos tenemos un valor, pero pocos reconocen el valor que tienen porque no tienen gente en su vida que añada valor a sus vidas, y es porque ellos mismos no están entendiendo la importancia de añadir el valor a otros. Tu vida es corta y los días corren muy rápido, si quieres vivir extraordinariamente es tiempo de añadir valor a tu vida y a la vida de otros.

4 CREA UN EQUIPO SANO Y EDIFICANTE

Capítulo 4 — Crea un equipo sano y edificante

— "Invierte tu energía en formar a otros" —

> "Todo lo que a mí se refiere, os lo hará saber Tíquico, amado hermano y fiel ministro y consiervo en el Señor, el cual he enviado a vosotros para esto mismo, para que conozca lo que a vosotros se refiere, y conforte vuestros corazones, con Onésimo, amado y fiel hermano, que es uno de vosotros. Todo lo que acá pasa, os lo harán saber. Aristarco, mi compañero de prisiones, os saluda, y Marcos el sobrino de Bernabé, acerca del cual habéis recibido mandamientos; si fuere a vosotros, recibidle; y Jesús, llamado Justo; que son los únicos de la circuncisión que me ayudan en el reino de Dios, y han sido para mí un consuelo. Os saluda Epafras, el cual es uno de vosotros, siervo de Cristo, siempre rogando encarecidamente por vosotros en sus oraciones, para que estéis firmes, perfectos y completos en todo lo que Dios quiere."
> **Colosenses 4:7-12 RVR1960**

En los tiempos antiguos, antes de que un barco pudiera entrar en un puerto para descargar la mercancía que llevaba, tenía que esperar más lejos de las costas y esperar a que viniera el tiempo, la condición y la oportunidad para poder hacer por lo que viajaba tanto tiempo para hacer; la oportunidad que esperaban para descargar era la marea alta.

Mientras que el barco esperaba la marea alta, los marineros preparaban la mercancía y todo lo que iban a desembarcar. Como dijo **John Wooden: "Cuando tiene la oportunidad, ya es demasiado tarde para prepararse."** Si los marineros esperaban la marea alta para prepararse, no tendrían tiempo suficiente para desembarcar la mercancía.

Así es con nuestras vidas. Nosotros no esperamos hasta que llega la oportunidad para prepararnos, nos preparamos para que cuando llegue la oportunidad, ya estemos listos. Trabajamos en formar y hacer un equipo sólido, desde mucho antes de que venga la necesidad de tener un equipo formado y sólido.

El concepto de equipo es esencial para vivir una vida extraordinaria, solo porque uno es un número demasiado pequeño para lograr grandes cosas. Al ver cómo Dios, el Hijo y el Espíritu Santo trabajan juntos, podemos ver un cuadro perfecto de cómo un verdadero equipo debe funcionar. Tengo una frase que dice: "Unidad como la trinidad."

Con esto, quiero decir que la unidad entre la gente es lo que nos da la fuerza para lograr algo extraordinario. La prueba del liderazgo de cualquier persona, grupo, institución o incluso en un matrimonio, depende de que tan bien trabajen juntos en armonía y unidad. Es más que soportarse, es realmente amarse y edificarse los unos a los otros.

> "Porque he descendido del cielo, no para hacer mi voluntad, sino la voluntad del que me envió."
> **Juan 6:38 RVR1960**

> "Mas el Consolador, el Espíritu Santo, a quien el Padre enviará en mi nombre, él os enseñará todas las cosas, y os recordará todo lo que yo os he dicho."
> **Juan 14:26 RVR1960**

Este es un ejemplo excelente del esfuerzo en un verdadero equipo, es importante establecer esta manera de pensar en todo tipo y nivel de líderes. Por un tiempo se ha vuelto costumbre en el liderazgo, que los líderes formen grupos de seguidores en lugar de desarrollar un equipo de líderes, esto sólo provoca que ellos mismos se limiten.

"El líder que produce otros líderes multiplica su influencia, y él y su gente tienen un futuro. Su organización continúa creciendo y avanzando aún cuando él personalmente no tiene la habilidad de llevar el papel de liderazgo." — John C. Maxwell. El formar equipos sanos y edificantes es un punto vital para expandir extraordinariamente tu vida.

De alguna manera, es complicado y fácil desarrollar un equipo sano y edificante si el líder mismo es así consigo mismo. En los deportes y en los negocios, igual como en el ambiente religioso, todos tienen que aplicar ese principio para poder desarrollar una vida sumamente extraordinaria.

UNA MENTALIDAD DE UNIDAD

Cuando nosotros utilizamos ejemplos de un trabajo en equipo o de formar equipos, es muy probable que usemos el ejemplo de un equipo de deporte o un ministerio o grupo de negociantes. Esto es debido a que esos grupos han entendido que cuando estás desarrollando un equipo, de hecho, están desarrollando gente, y eso es la esencia del liderazgo.

Cuando formamos un equipo, estamos formando a otros. Cuando estamos formando a otros, el siguiente paso para una formación completada es la formación en el área de trabajo con otros. Es muy probable que alguien pueda liderar a otros, pero no es tan probable que sepan integrar a otros para que trabajen en equipo, o con una mentalidad de unidad y armonía.

> Una prioridad importante en la vida de cada líder de Dios debe ser la de formar equipos de gente diversa.

Una prioridad importante en la vida de cada líder de Dios debe ser la de formar equipos de gente diversa. El Apóstol Pablo fue un experto en formar equipos, sabía cómo formar gente y que era prioritario hacerlo, y sabía la importancia de formar equipos de gente para avanzar en el Reino de Dios.

Pablo prácticamente alcanzó a su región entera con el evangelio, no lo hizo él solo, pero lo logró al formar un equipo de gente para hacer lo que un hombre no podía hacer solo. Es el mismo concepto que Jesucristo usó, Él formó un equipo de hombres, llamados discípulos, para compartir las buenas nuevas del Reino de Dios.

El líder verdaderamente efectivo sabe la importancia de formar un equipo. Cuando los líderes forman equipos, ellos añaden valor a la gente. Pablo vio la importancia del esfuerzo en equipo para poder avanzar con el mensaje del Reino de Dios a todas partes del mundo.

Todo lo que hay en este mundo natural requiere de dos o tres para afirmar cambios.

> "Además les digo que, si dos de ustedes en la tierra se ponen de acuerdo sobre cualquier cosa que pidan, les será concedida por mi Padre que está en el cielo. Porque donde dos o tres se reúnen en mi nombre, allí estoy yo en medio de ellos."
> Mateo 18:19-20 NVI

El liderazgo sumamente efectivo, al igual como la vida altamente extraordinaria tiene su fundación en una buena calidad de trabajo en común o en equipo, debió ser un equipo de gente con un propósito común, alcanzando una meta común con el esfuerzo de muchos. La importancia de formar equipos es un principio que los líderes deben entender.

En muchas naciones alrededor del mundo se considera a el concepto del equipo ministerial o de formar equipos con gente de alto nivel de influencia y liderazgo como algo de extranjeros. Al viajar a tantas naciones hemos visto el mismo escenario, iglesia tras iglesia, ministerio tras ministerio, negocio tras negocio, familia tras familia.

Si el líder es limitado en su liderazgo, a quien el líder influya tendrá muchas limitaciones. **"Por mucho que** podamos admirar un logro, la verdad es que un sólo individuo no puede hacer cosas de gran valor solo. La creencia de que una persona puede hacer algo grande por sí sola es un mito." — John C. Maxwell.

Estudios y estadísticas han revelado que una gran mayoría de ministerios e iglesias, empresas y organizaciones no duran mucho tiempo después de que su fundador muere, al observar los resultados de cerca puedes entender por qué es así. Si la persona que fundó la organización no forma un equipo, él no está formando gente, solo una memoria a su esfuerzo.

Jesús no formó una memoria para él mismo, Él formó un equipo de discípulos que tenían la misión de formar otro equipo, con el objetivo de llevar Su mensaje a una nueva generación de gente; el verdadero éxito viene solo cuando las personas siguen desarrollando a las siguientes generaciones, esta es la verdadera medida del éxito de cualquier líder.

EL EQUIPO ES UNA PRIORIDAD

Pablo tenía la prioridad en su vida de formar equipos de gente, no importando de dónde fueran, y esa fue una de las principales causas de su gran éxito. Él fue un gran orador, pero más importante, él formó gente al formar equipos de gente exitosa que lo ayudaron a alcanzar su meta en común, proclamar el evangelio en todo el mundo.

> El liderazgo productivo se basa en formar a otros mucho antes de que llegue su tiempo para liderar.

En algún punto del camino, la manera pura de formar un equipo empezó a perder importancia, la gente empezó a seguir sus propios sueños en lugar de formar seguidores, hacer discípulos y formar equipos. Myles Munroe constantemente decía: "**El liderazgo productivo se basa en formar a otros mucho antes de que llegue su tiempo para liderar.**"

Hay muchos ministerios y organizaciones buenas que hoy están formando equipos de gente, reconocemos su esfuerzo y disposición por formar equipos que forman gente, pero todavía un gran porcentaje de ellos están operando bajo el concepto de que un individuo puede hacer todo el trabajo; el *"todólogo"* termina haciendo todo completamente solo.

Hay un dicho en el mundo de los deportes: "**Un individuo juega un partido, pero los equipos ganan los campeonatos.**" — John Wooden, un entrenador extremadamente exitoso de la Universidad de

California, dijo una vez: "**La persona que puso el balón en el aro tenía diez manos.**" Cuando entiendes el liderazgo, entiendes la necesidad de tener un equipo sano.

El entrenador Wooden entendió la importancia de formar un equipo para poder formar gente. En el basketball, hay cinco personas que tienen la habilidad de meter una canasta, aunque solo uno obtiene el crédito de los puntos anotados; cuando uno anota los puntos, todo el equipo es responsable.

El entrenador Wooden entendió que, aunque sólo una persona podía recibir el crédito por los puntos, cada persona en el equipo tenía una parte en la anotación. Más que cualquier ejemplo de equipos de deportes o de corporaciones exitosas, el mayor ejemplo para formar equipos lo encontramos en la palabra de Dios.

HACIENDO MÁS CON MÁS

Para que sus cartas pudieran llegar a la gente e iglesias de toda la región, Pablo tuvo que desarrollar un equipo de trabajo y apoyo que viajara hacia los lugares distintos para entregar los escritos. Desde antes de que estuviera en la prisión, Pablo tenía que capacitar a la gente alrededor de él para que pudieran entregar las cartas.

Lo más importante para él era expresarle a la gente cómo estaba, donde estaba, y las cosas importantes que deseaba comunicarles.

"Todo lo que a mí se refiere, os lo hará saber Tíquico, amado hermano y fiel ministro y consiervo en el Señor, el cual he enviado a vosotros para esto mismo, para que conozca lo que a vosotros se refiere, y conforte vuestros corazones,"
Colosenses 4:7-8 RVR1960

Pablo era un verdadero líder, amaba y cuidaba de la gente hasta el extremo en que ponía su vida en peligro por entregar una carta; también, por la importancia de comunicarles todo lo necesario acerca de lo que Dios quisiera para sus vidas. Los grandes líderes tienen la habilidad de desarrollar a otros líderes que puedan cumplir algo grande con sus vidas.

Con una tarea establecida y, una pasión distinta y efectiva, cualquier persona podría alcanzar a vivir con gran propósito. Pablo tuvo la habilidad de ir a más lugares, aunque estaba en prisión, al reproducirse en la vida de otros. "**Enfoca la mayoría de tus energías formando líderes.**" Es un dicho muy común entre nosotros en Máximo Potencial.

Yo creo que Pablo fue un maestro como formador de equipos, en la mayoría de las ciudades en las que estaba ministrando, había equipos de gente que él había formado para que hicieran el trabajo. Él hizo todo lo que pudo para formar gente, los grandes líderes forman gente, pero primero forman un equipo de gente alrededor de ellos.

Al iniciar en el liderazgo con el Dr. John C. Maxwell, una de las primeras cosas que entendíamos era, tu organización está limitada a dos cosas, la persona que tú eres y las personas que tu desarrolles. Cuando un líder esta comprometido a crecer, va a querer que los que estén cerca suyo también crezcan.

Lo que yo escuché de muchas maneras del Dr. Maxwell era algo como: "**Los seguidores forman una multitud, pero los líderes forman equipos.**" Si invertimos más de nuestro tiempo en formar un equipo, en lugar de formar un ministerio u organización, nuestros resultados tendrán un mayor impacto y efectos de largo plazo en la vida de la gente.

En la historia nunca ha habido un gran líder que no formara primero un equipo de gente alrededor de él. Pablo cumplió cosas grandiosas durante su vida, pero probablemente nada más grandioso que formar equipos. El nivel del equipo que formas tiene su base en el amor y el compromiso que tienes para con ellos.

Un individuo puede formar negocios y ministerios que impresionen, pero sólo un líder efectivo puede formar un equipo de gente que impacte. Pablo formó un equipo sólido de líderes, él se reprodujo asimismo en la vida de otros, y esa fue una de las bases para su éxito.

En Colosenses capítulo cuatro vemos a Aristarco, Marcos, Epafras y Lucas, todos ellos fueron parte importante en el equipo de líderes de Pablo, todos ellos tienen una salutación que mandar con la carta que Pablo mandó con Tíquico y Enésimo. Pablo fue un líder que no tenía miedo de desarrollar y equipar a otros líderes.

Yo creo que él tenía la visión de formar equipos, porque entendió que formar un equipo significa formar gente. Como líder, es de vital importancia entender la prioridad de formar un equipo que forme gente, en lugar de formar una iglesia o ministerio que deje a la gente dañada y desanimada; los líderes tienen que formar equipos que formen a otros.

Para formar un equipo, cada líder tiene que entender algunas ideas básicas de ayuda para formar gente. Formar un verdadero equipo es más que poner a un grupo de gente junta y llamarlos equipo; el líder entiende que nadie en el equipo tendrá el mismo nivel

> El líder entiende que nadie en el equipo tendrá el mismo nivel de compresión a su pasión, visión, misión, valores y propósito.

de compresión a su pasión, visión, misión, valores y propósito.

El líder tiene que entender que hay gente formando técnicas y desarrollando sus habilidades de liderazgo, que necesitan ser puestas en práctica en su propia vida para poder formar un equipo exitoso y ganador. Yo admiro a los líderes que han tenido la habilidad de cumplir grandes cosas por medio de un trabajo en equipo.

Una de las personas que admiro es un ex-entrenador de fútbol americano de los Green Bay Packers, su nombre es Vince Lombardi; yo creo que él entendió la importancia de formar un equipo ganador, él sabía que tenía gente con distintas habilidades y capacidades, y su único trabajo era unirlos y convencerlos que eran ganadores.

Él dijo una vez: **"Si ustedes van a jugar juntos como un equipo, tienen que empezar a cuidarse unos a otros. Cada jugador tiene que pensar en la persona que está a su lado."** Los líderes efectivos saben la importancia de formar un equipo, ellos saben que es más que un juego, porque se trata de formar gente en conjunto.

FORMAR EQUPOS SANOS

Me gustaría darte unas ideas que te ayudarán a formar un equipo ganador. Te voy a decir de ante mano, esto no es difícil, pero sí es complicado. Te va a costar pagar el precio de mantenerte enfocado para poder lograr algo impresionante en la formación de gente tan distinta y dinámica.

I. Un verdadero Amor por la Gente

Posiblemente la primera y más importante idea, es el amor que tienes por la gente; cuando verdaderamente amas a la gente será obvio para todos. Se requiere más que una sonrisa cálida y un fuerte abrazo los domingos, el líder que ama a la gente es aquél que los desarrolla y los equipa, no solamente en la palabra de Dios, también en sus vidas.

Muchos grandes empresarios y predicadores no pasan de ser más que mensajeros. Ellos son excelentes en dar mensajes que motivan a la gente, pero fallan en crecer y en ser el mensaje para su gente. "A la gente no le importa cuánto sabes, pues ve qué tanto cuidado tomas de ella." — John C. Maxwell.

Muchos me preguntan cómo formar equipos y yo les respondo que necesitan la cultura de amar a la gente y aceptarla, de la misma manera que Dios nos ama, tal como somos; pero nos ama tanto que no desea que nos quedemos así. Los líderes necesitan ser más que personas que instruyen y corrigen, ellos necesitan ser aquellos que aman incondicionalmente.

Mas allá que la paciencia, es el amor. Cuando tienes un amor por otros, puedes soportar bastante más travesuras y basura de lo que nunca soportaste antes. El amor no mejora el equipo, pero sí lo afirma cuando no se comporta cómo el líder desea, así que el amor es necesario.

Se necesita ser un líder con un verdadero amor que les permita a otros crecer y desarrollarse para ser líderes fuertes y sólidos. Cuando amas a la gente quieres darles a ellos y enseñarles cómo darte a ti, entiendes que el compromiso es de dos vías. El amor requiere una expresión de compromiso entre ellos y hacia a ellos.

II. El Arte de Reconocer Gente

Otra cosa que será de mucha ayuda al formar gente, es el arte del reconocimiento. Cuando el líder da reconocimiento a la gente, es cuando tenemos a un líder sabio; especialmente si, en la vida de alguien es común escuchar mensajes con palabras de desánimo que palabras de motivación que le ayuden como persona.

En muchas sociedades y partes del mundo el ambiente de negocios, religión y familia son muy pesados y negativos, se han convertido en un sistema peligroso a la salud del alma. La onda actual es decirle a la gente qué tan malos son y lo mucho que necesitan cambiar; en lugar de animarlos a corregir, afirmar y reconocer las prioridades de su vida.

"...delante de Dios, a quien creyó, el cual da vida a los muertos, y llama las cosas que no son, como si fuesen."
Romanos 4:17 RVR1960

Reconocer el potencial de la gente es una cualidad esencial de todos los líderes. Es verdad que para alguna gente la vida no es fácil, pero como líderes, nuestro trabajo es reconocer los esfuerzos de esa gente y permitirles crecer, para llevarlos a donde todavía no conocen.

Hay un gran porcentaje de gente que no vive bien sin algún tipo de reconocimiento en su vida, y también hay gente que puede trabajar y trabajar sin ningún deseo de recibir reconocimiento. Pero, la mayoría de la gente necesita de reconocimiento por parte de sus líderes y de la gente que respetan para continuar hacia adelante.

Si quieres formar un equipo sano y saludable, reconoce que a todos nos gusta ser reconocidos por algo que hemos cumplido o logrado. Me gusta lo que un hombre, llamado Robert McNamara, dijo una vez: "**Los cerebros son cómo los corazones, ellos van a donde son apreciados.**"

Es impresionante cómo la gente responde cuando su líder se da cuenta y les reconoce sus esfuerzos. Una vez le dije a un pastor amigo mío que es parte clave en el equipo ministerial en México: "**Nunca puedes dejar de dar reconocimiento a la gente. Lo que puede ser pequeño para ti puede ser significativo para ellos.**"

Dar reconocimiento a la gente en público es, casi lo más excelente que puedes hacer como líder. En un equipo, hay muchos que participan superficialmente y otros que te lo darán todo; cada esfuerzo, sea ordinario o extraordinario, cada uno merece de reconocimiento, porque cada uno está en un nivel distinto en su vida.

III. Motiva a la gente para nuevos logros

Posiblemente es una de las cosas más fáciles de hacer en la formación de gente. Un día llegue a la casa de una familia, estaban teniendo problemas con su hija. Ella estaba perdida y sin rumbo, quería avanzar, pero "siempre fracasaba en todo". Le dije a la familia: "**Ella necesita pequeñas victorias.**" Porque las pequeñas victorias pueden traer grandes ganancias.

Para formar un equipo exitoso, no importa dónde estés o lo que estás haciendo, como líder tienes que motivar a la gente. La motivación a una persona es como la madera al fuego, se mantiene ardiendo mientras sigas poniendo madera. Los grandes líderes en el mundo saben que lo que la gente necesita es más que solo visión, necesitan motivación.

> Cuando motivas a la gente, le ayudas a ver algo de ellos mismos que probablemente nunca habían visto.

En un mundo sin mucha motivación, es como un aliento fresco cuando alguien encuentra a un líder que esté más interesado en su gente que en su carrera. Cuando motivas a la gente, le ayudas a ver algo de ellos mismos que probablemente nunca habían visto. Como un hombre joven, yo he recibido de ambos lados, motivación y desánimo de cierta gente en mi vida.

La gente de la que recibí desánimo fueron mis maestros. Ellos me decían que siempre sería lento, y que nunca alcanzaría lo que deseaba en la escuela. Por otro lado, mis entrenadores de deportes siempre me motivaron a trabajar duro y alcanzar metas más altas. Cada vez que alcanzaba un logro personal, me motivaban a seguir mejorando.

Posiblemente ellos me influenciaron positivamente a ser más de lo que era en ese tiempo, no me limitaron por lo que era, pero me motivaron a ser más de lo que yo podía ver. No me tomó mucho tiempo el darme cuenta en donde quería invertir mi tiempo, no era suficientemente bueno en la escuela, pero me destacaba en los deportes.

¿Era un talento? ¿Un destino? ¿Una decisión personal? Posiblemente la respuesta a todas estas preguntas es sí, pero creo que el factor más importante de todo fue la motivación. William A. Ward dijo: "**Puedes halagarme, y tal vez no te creeré. Critícame, y tal vez no me caerás bien. Ignórame, y tal vez no te perdonaré. Motívame, y nunca te olvidaré.**"

El poder de la motivación es darle esperanza a la gente, incluso si esta enfrentando la más difícil situación en su vida. Una tarde, motivé a un grupo de líderes a escuchar las grabaciones de algunas de sus pláticas anteriores pero recientes, yo lo hago personalmente, y aunque suene poco raro, lo hago por dos motivos.

Yo les pedí a ese grupo de líderes que se oyeran por dos razones:
1. Palabras de motivación.
2. Palabras de desánimo.

Fue impresionante ver que muchos descubrieron que en sus pláticas había más palabras de desánimo que palabras de motivación. Muchos me comentaron después que esa lección cambió su manera de comunicarse.

Para motivar a la gente, hablarles con palabras de ánimo sobre ellos y sus vidas levantará su nivel de motivación o caerá al nivel del desánimo que hayas dado. Espero que notes que *Las Prioridades de Un Líder* son poner como primera prioridad la vida de la gente.

No hay algo más importante en la vida de un líder que la gente que lo rodea. El líder que no está dispuesto o no tiene la habilidad de poner a la gente como prioridad, limita su propia habilidad de ser más efectivo como líder. Hay un desafío puesto sobre cada líder hoy en día, y es el de poner a la gente como prioridad en su vida.

Ayudar a otros a alcanzar su máximo potencial es crucial en el éxito y el avance de cada líder. Ser un líder de influencia positiva, impulsará a otros a seguir adelante. Poner a la gente como prioridad añade valor a sus vidas, y no tendrán límites para cumplir sus metas.

Formar un equipo de líderes requiere de mucho enfoque y tiempo dedicado. De hecho, ayudar a formar a otros con un propósito en común para cumplir con el esfuerzo de todos una tarea en común es una de las metas más importantes del líder; empieza a trabajar con pocos y luego enseña a ellos a hacer lo mismo con otros.

CARACTERÍSTICAS DE LIDERES SANOS

Las prioridades y habilidades del liderazgo están basadas en el comportamiento y estilo de vida del líder. Es cierto que ni las prioridades ni las habilidades por sí solas hacen a un líder, pero, revelan cómo es el líder en su vida espiritual y emocional. Para ser un líder que es bueno en formar un equipo, es necesario tener la vida en orden.

El liderazgo es principalmente un asunto de comportamiento, especialmente el comportamiento ante otros y después, el individual. Las personas que se esfuerzan por lograr las siguientes cosas en sus vidas personales, generalmente llegan a ser considerados como líderes que se enfocan en los demás.

Para poder vivir extraordinariamente, uno tiene que ser alguien extraordinario. Siendo alguien que sobresalte de la normalidad es vital para ser un líder de alta calidad. Aquí están algunas cualidades personales que te pueden ayudar en crecer como líder, no hay ningún orden específico, pero todas son importantes para desarrollar en tu vida:

1) **Integridad:** Viviendo en privado quien dices que eres en público, es el requisito más
importante; sin él, cualquier otra cosa carece de sentido. Uno puede saber mucho, pero si es menos, no logrará más. Integridad es el fundamento de una vida de alto impacto.

2) **Siendo maduro:** No te pongas emocional con la gente. Evita gritar o vociferar, aún si te sientes muy molesto. La madurez viene de muchas formas, pero la madurez espiritual se demuestra en la calidad de vida que uno tiene.

3) **Ser un ejemplo:** Procura ser siempre visto trabajando con un nivel más alto de compromiso, dedicación, determinación y amor para con los demás. La gente

quiere saber qué puede confiar en ti, siendo un líder con alto nivel de compromiso.

4) **Escucha a la gente:** Muéstrales que los entiendes, aunque no siempre estás de acuerdo con qué dicen o hacen. Una de las cualidades más importantes en la vida de un líder es saber y querer escuchar, los que saben escuchar más qué hablar son líderes de calidad.

5) Ayuda a tu gente cuando lo necesiten: **La naturaleza humana es muy curiosa.** Cuando alguien cree que necesita ayuda, se percibe esto como una debilidad; pero cuando alguien necesita algo, es la oportunidad que tienen para volverse más fuertes, porque pueden aprender algo que no han entendido.

6) **Estimula a tu gente a aprender, crecer y emprender:** Cuando uno está aprendiendo está creciendo, y cuando uno está creciendo está emprendiendo. Cuando tú estas creciendo, tienes el carácter suficiente para impulsar a los demás a querer crecer también.

7) **Involucra a tu gente en tus ideas:** Comparte tus ideas con los demás, así ellos podrán tener la certeza de que les tienes confianza. Especialmente, las ideas que van a provocar cambios y avances personales o profesionales.

8) Pide las opiniones de los demás: Es impresionante ver a cuántas personas les encanta dar consejos, y cuán pocas se alegran en recibirlos. Cuando tú pides la opinión de otros estás añadiendo valor a sus vidas, es una manera de involucrarlos en tu vida personal. Obtendrás buenas y malas opiniones, pero tendrás amigos.

5 TENER UN PLAN DE CRECIMIENTO PERSONAL

Capítulo 5 — Tener un plan de crecimiento personal

— "Para vivir al máximo tienes que crecer al máximo" —

> "Jesús recorría todos los pueblos y aldeas enseñando en las sinagogas, anunciando las buenas noticias del reino, y sanando toda enfermedad y toda dolencia."
> **Mateo 9:35 NVI**

Necesitas tener y aplicar un plan de crecimiento, tu vida consiste en la vida de tus días más que de los días que vives. ¿Tienes un plan de crecimiento personal que te llevará más allá de una vida normal? La gran mayoría de la gente invierte más tiempo planeando sus vacaciones anuales que su existencia completa sobre este planeta. Tener un plan es saber a dónde quieres ir, cómo quieres ir y por qué quieres ir; sin esto, no hay razón de salir de la cama por la mañana.

Vivimos en una época y ambiente en el mundo donde hay mucha pérdida, depresión, divorcio, confusión y odio. ¿Por qué es así la humanidad? Es porque cuando una persona está vacía de propósito también está vacía de esperanza y pasión. Cuando tienes un plan bien definido y comprobado, tienes una vida llena de propósito, gozo y esperanza.

En Mateo 9:35, tenemos el plan de crecimiento de Jesucristo: enseñando, anunciando y sanando. Es muy importante que captemos esto, cuando escuchamos la palabra maestro normalmente pensamos en "El que enseña", pero equivocadamente por cuestión de la cultura griega, eso no es lo que representa un maestro.

Un maestro no es quien se para en frente de una clase para enseñar, sino el que demuestra, y por eso en el versículo 35 de Mateo dice: "enseñando, anunciando y sanando". Es para decir que recorría todos los pueblos mostrándole a la gente (enseñando) hechos, luego usando palabras (anunciando) y después dando propósitos a la gente (sanando).

La prueba de los hechos y el compromiso de las palabras es la sanidad. Hay muchos que anuncian pero no viven lo que anuncian, por lo que no ven los resultados de lo que dicen, puedo decir muchas cosas por leer mucho, por saber mucho, incluso por juntarme con muchos, pero hasta que yo aplique lo que aprendí tendré los resultados de lo que digo.

VIDA ES MÁS QUE PALABRAS

Es muy lamentable que hoy en día tenemos gente más interesada en las palabras que en la verdad que hay dentro de las palabras. La gente se engaña más fácilmente por lo que suena bonito, no hay engaño en lo transformador. Incluso bíblicamente, hay gente que esta más interesada en lo que dice un versículo que, en vivir lo que dice el versículo.

El estilo de vida de Jesús era recorrer todos los pueblos y aldeas, enseñando en las sinagogas, anunciando y sanando. Él vivía, puso en práctica los puntos de lo que anunció, de las buenas nuevas del Reino y la recompensa fue la sanidad de los enfermos. ¿Quieres cambiar tu matrimonio? ¿Quieres cambiar tu vida? ¿Quieres que cambien tus hijos?

> Como líder, estar sentado en una mesa hablando es una cosa, pero enseñar a otros con tu vida es la cosa más poderosa.

Como líder, estar sentado en una mesa hablando es una cosa, pero enseñar a otros con tu vida es la cosa más poderosa. Tiende la cama, háblale bonito a tu esposa para que tu hijo te vea, y esto me asusta aveces, pero quizá mi hija algún día se case con alguien como yo, si tú tienes hijas, esto también te asusta o te desafía.

¿Con qué clase de hombre quiero que mi hija se case? Considerando eso, ¿no debo de mejorar mi vida? Entonces, debo hablarle más bonito a mi esposa, atender mejor las finanzas y mantener mi pasión a un alto nivel, para que cuando mi hija llegue al momento de casarse, sea con un hombre de excelencia y no a cualquier fulano.

Si mi hija ve un ejemplo de un padre ordenado, apasionado, estructurado y bien formado en muchas áreas de la vida, ¿qué clase de chico va a querer buscar? Será basado en el ejemplo que ha visto toda su vida, y cuando cualquier chico del barrio llegue, ni siquiera lo verá, porque ya tiene su ejemplo hecho, "**mi papá puso el ejemplo.**"

Entonces, cuando papá está ausente, no hay ningún patrón que seguir. Por lo tanto, la chica busca lo que le gusta emocional o carnalmente. No va a escoger por lo moral, principios de integridad, honestidad, trabajo, fidelidad y cosas semejantes, porque no lo ha visto como un patrón de operación en un varón.

Esto es muy importante, porque es como enseñamos a nuestros hijos e hijas. Enseñamos por un estilo de vida, ¿qué clase de hombre soy?, ¿qué clase de cabeza soy?, ¿qué clase de imagen estoy dándole a mis hijos?, ¿qué clase de trato tengo con mi esposa? Yo no aprendí nada de esto de mi papá, pero sí se lo enseño a mis hijos. Yo no tenía esa clase de ejemplo, pero sí se los di a mis hijos. Ese ejemplo es enseñado con cómo yo amo a mi esposa, pues debe ser tal y como Cristo ama a la iglesia. ¿Cómo ama Cristo a la iglesia? ¿Cuándo fue la última vez que Cristo se enojó con la iglesia? ¿Cuándo fue la ultima vez que maldijo a la iglesia? La palabra de Dios es una palabra perfecta y ha sido probada siete veces como El Oro en el fuego, y aún así es una palabra perfecta. Una palabra perfecta en la boca de un mentiroso, mujeriego, adicto, adúltero, fornicador o pobre tristón no tiene potencia, ni autoridad. Debemos tener hambre y sed por justicia, más que por dichos religiosos.

CRECER DE FORMA INTENCIONAL

De manera intencional, tengo que esforzarme por conversar y convivir con los que son mejores que yo. Esto nos cobra incomodidad a veces, y a mí me gusta mucho estar incómodo. Estar en ambientes donde sé que estoy caminando con personas que están a un mayor nivel que yo, me encanta, porque sé que aprendo.

Cuando ando con picudos, ellos me pican y me hacen crecer, esto me ayuda a afinar mi vida, porque ellos no están ahí por casualidad, ni por accidente. ¿Puedes imaginar la emoción de un chico futbolista de 15 años si pudiera pisar la misma cancha que Messi? La motivación para mejorarse va aumentar bastante, solo por haber estado con alguien mejor. Imagínate a ese muchacho andando con Messi por 5 años de su vida, ¿qué clase de jugador sería a los 20 años? Nada más por andar con el picudo, va a mejorar su juego. Si en los momentos cuando algo se nos antoja o estamos tristes, buscamos a alguien para ayudarnos, tenemos que estar preparados estando cómodos en lo incómodo para poder crecer a su lado.

Esto causa inestabilidad en la vida del hombre, tenemos que estar constantemente andando con los que son mejores que nosotros. Hay una señora que esta del otro lado de la nación y se acercó hace unas semanas, nos dijo que le urgía andar con nosotros y ser capacitada en el MaxPo Team.

Una persona le preguntó: "¿Por qué te urge andar con nosotros?" Su respuesta fue: "Ya estoy en mi límite con la clase de gente para capacitar, no puedo con rangos más elevados, estoy en empresas pequeñas y veo que con ustedes puedo tener oportunidades para estar en los negocios más grandes, enseñando como ustedes lo hacen."

Nosotros le respondimos: "Tú puedes leer un libro o puedes vivir como vivimos, ¿cuál prefieres? Porque si lees un libro, a lo mejor con buena información, la gente puede invitarte una vez, pero si no tienes una vida conforme a lo que estás enseñando, no te van a invitar una segunda vez." Los mejores hombres de ventas, le venden al mismo cliente en más de una ocasión. ¿Cuántos lo saben? Quién sabe, pero, ¿cuántos tienen la moralidad de vender un producto a un cliente en una sola ocasión? ¿Por qué no siguen creciendo en sus ventas? Porque la ganancia de un hombre de ventas es vender 10 o 20 años más adelante.

Si uno está vendiendo el mismo producto a los mismos clientes y a nuevos clientes, vez tras vez, eso es lo que le amplía. Cuando tengo buena reputación e integridad, me recomiendan con sus conocidos, por ser persona de confianza. Cuando yo aprendo integridad, la información que tengo la aplico en formación.

En este sentido es muy importante que estemos conversando y conviviendo con gente de mayores niveles. Esta mujer respondió: "Puedo aprender de libros de ustedes o del estilo de vida de ustedes ¿cuál me costará más?" Lo que cuesta más es aprender estilo de vida porque al andar con un estilo de vida más arriba, hay muchas cosas en ti que tienen que morir. Es parte de los detalles que nos ayudan a crecer.

DEFINE TUS METAS

Debo tener metas definidas en las que diario me desafío a desarrollarme y crecer. ¿Cuál es el plan personal que tienes con leer la Biblia? ¿Es uno, dos o tres capítulos diarios? Mi desafío personal es un capítulo de proverbios en la mañana y uno de salmos en la noche, y en el transcurso del día, algunos estudios y preparaciones en otros libros.

Si tengo un día en el que estoy de arriba para abajo corriendo como loco, por lo menos yo sé que debo cumplir esos compromisos y metas. Hay varios días donde hay más tiempo para leer y estudiar, pero por lo menos debo cumplir con un proverbio, un salmo y porciones de otros libros. Mi compromiso con la Palabra es mi compromiso con Dios mismo.

¿Cuál es mi compromiso de oración? ¿Cuál es mi compromiso de tiempo de calidad con mis hijos y mi esposa? Muy raro es cuando no estamos sentados juntos en la mesa durante el desayuno o la cena como familia, es muy raro que suceda porque no hay televisión prendida que nos robe nuestro tiempo precioso.

Tenemos la meta de tener una familia y matrimonio sólido, unido y cercano. Es necesario tener un tiempo donde estamos solamente hablando entre nosotros como familia., porque en 20 o 30 años quiero que mis hijos hagan con mis nietos y los que vienen después, lo que les estoy enseñando y demostrando.

Lo que les demuestro durante su crecimiento y nuestro tiempo en casa, es una prioridad preciosa en el gran plan que tengo para mi vida. Necesito metas definidas, necesito saber por dónde quiero ir y como llegar allí. Si

> Si quiero vivir una vida extraordinaria, tengo que vivir intencionalmente para obtenerla.

quiero vivir una vida extraordinaria, tengo que vivir intencionalmente para obtenerla.

Es necesario que uno vea, hable y camine por algo más grande que hoy, el futuro. Esto es tener un plan personal de crecimiento en la vida, muchos creen que un plan no es necesario y por eso no saben qué onda, ni por dónde andan en la vida. Dios sabe los planes que tiene para ti, pero tú ¿sabes los planes que tienes?

Crecer duele pero no cambiar es doloroso. Nadie cambia por lo mejor, sin dejar algo detrás. Definir tus metas significa que tienes que redefinir tu vida, pues operar y estar igual por un tiempo considerable ya es un defecto. Para vivir extraordinariamente, el cambio por lo mejor tiene que ser realizado de manera continua, y a veces dolorosa, por el alma.

Una vida sin un plan es solamente un sueño y nada más. Yo creo que muchos tienen muchos sueños, hasta les llega a dar mucho sueño. Cuando tienes muchos sueños, pero no tienes un buen plan, en lugar de desarrollarte, vas a estancarte. Al redefinir bien tus metas, uno puede definir su vida para algo mejor.

¿Has visto a una persona que pareciera tener una fuerza extra, una pila recargable? Se recargan cada vez más, nada más con el puro sol de un nuevo día. Esa gente esta corriendo de arriba para abajo, a lo mejor son de mayor o menor de edad que nosotros, pero nunca dejan de caminar enfocados en su plan de vida.

Solo cuando te defines, te levantas. La clave de vivir extraordinariamente es más que solo saber que quieres de la vida, es saber cómo vas a perseguirlo y con quien lo vas a perseguir; conocerás muy poca gente en la vida así. Es debido a eso por lo que poca gente es exitosa en su área de pasión; ellos saben lo que quieren, pero no tienen un plan definido.

CREANDO UN PLAN DE VIDA

Crear un plan de vida es una de las mejores cosas que tú puedes hacer para identificar las prioridades, personas y actividades más importantes que deseas desarrollar en tu vida. Creo que yo te puedo ayudar bastante en esa área, vivir extraordinariamente no es complicado, pero si te va a costar hacer modificaciones en tu estilo de vida.

¿Has sentido que quieres quitar mucho estrés de tu vida? ¿Quieres cuidarte mejor? ¿Sientes que debes modificar tu actitud y perspectiva de la vida en general?

¿Quieres crear el cambio que producirá algo bastante mejor para tu presente y futuro? Mucha gente, sino toda la gente en el mundo, tienen cosas que deben modificar y cambiar en su vida.

Mucha gente no aplica los cambios en su vida por no tener el enfoque necesario, por no querer aplicar cambios, porque tienen miedo de cambiar lo común y habitual en sus vidas. Es bastante más fácil vivir hablando y soñando de una vida mejor, que haciendo los cambios necesarios; la vida extraordinaria requiere cambios radicales y drásticos.

Si quieres cambiar algo en tu vida, es necesario que tengas un plan de acción y saber cuáles son las cosas que quieres cambiar; sé muy específico en saber cómo y qué quieres mejorar. ¿Quieres saber más de algo? ¿Quieres ser experto en un área distinta? Lo que me ayuda a mí es tener un plano o mapa mental en donde puedes ver a dónde vas.

Tienes que ver el fin desde el principio y tomar decisiones diarias, decidir que no te rendirás hasta cumplir tu sueño. Tu vida extraordinaria se hace cada día, y vivir extraordinariamente es una responsabilidad personal en la que debes tener un valor interno por seguir adelante conforme al plan, aún cuando no puedas ver el avance.

Piensa sobre los siguientes 12 meses, 24 meses, 36 meses o 48 meses. ¿Cómo quieres estar después de ese tiempo? Si quieres, hasta dentro de 10 años. Cuando tienes el cuadro grande a la vista, empiezas a tomar decisiones cada día para ir en la dirección de tu sueño. Planea tus siguientes pasos. Fíjate en donde estas ahora e imagínate caminando en cierto camino hacia tu meta para lograr alcanzar tu plan, y al ver tu plan cada día, puedes visualizar a dónde vas y por qué vas allí. Cuando logras algo, puedes redefinir las metas para reflejar tus éxitos y logros. La clave es seguir, diariamente, avanzando.

> Recuerda que siempre habrá obstáculos que tendrás que vencer.

Recuerda que siempre habrá obstáculos que tendrás que vencer. A veces son obstáculos mentales y otras veces son físicos, los obstáculos están por donde vives o en la propia gente en quien inviertes tu tiempo. En lugar de ver lo que perderás cuando estés cambiando, piensa en los buenos resultados que tendrás al seguir adelante con tu plan de vida.

Deberás tener una estructura de operación diaria en tu vida, desde que te levantas sabes lo que vas a hacer cada día y hasta a qué hora te volverás a acostar. Recuerda que la gente no es el problema, el problema está en tener que aprender cómo arreglar los problemas que tienes, y en lugar de culpar a otros, empezar a organizarte a ti mismo.

Hay algunas cosas que tú debes tener definidas en tu vida y algunas otras que tienes que ajustar en tu diario andar. No tengas miedo de hacer las modificaciones necesarias. Posiblemente hay algunas cosas que son buenas, pero no son excelentes, y tienes que decidir dar de baja de tu vida, pero pronto. ¿Cómo hacer un plan de vida muy definido?

1. Crea una visión personal.
2. Decide qué clase de actividades son las más importantes.
3. Tienes que definir tus prioridades.
4. Identifica y desarrolla tus valores.
5. Establece tus metas, éstas requieren fechas definidas para ser consideradas como tal.
6. Escribe tu plan de acción para cada día.
7. Evalúa tu plan de acción cada mes para ver su productividad.

#VIVEREXTRAORDINARIAMENTE

Consejos del líder de liderazgo en América latina

Otros Títulos

DR. ANDRÉS BUCKSOT
El Líder del Liderazgo en América Latina

SEXIAZGO
Jóvenes, el Sexo y el Noviazgo

Detalles Determinantes

DR. ANDRÉS BUCKSOT
5 NIVELES DE UN LIDERAZGO Efectivo

Cayendo sobre **LA ROCA**

PENSAMIENTOS ATÓMICOS

ALCANZANDO TU **GRANDEZA**

- maximopotencialoficial
- maximopotencialoficial
- maximopotencialoficial

MAXP

www.maximopotencial.org

PROGRAMA DE CERTIFICACIÓN DE LIDERAZGO

¡Únete a nuestro equipo de líderes globales y posicionarte con tu equipo para aumentar su impacto e influencia

DA EL SIGUIENTE PASO HACIA UNA VIDA SIGNIFICATIVA Y DE IMPACTO

Andres & Tiffany Bucksot

Para más información
+52 55 7979 0351

Únete ahora

www.maxpoteam.com
PAGINA WEB

Made in the USA
Columbia, SC
17 June 2025